雅思王听力真题语料库

IELTS

王陆 编著

愿每一位考生梦想成真

中国人民大学出版社
·北京·

雅思听力语料与真题

语料魅力　国际化语音，大势所趋

现在已经不用再质疑语料的重要性了。不仅仅是雅思官方，连新托福考试都已经引进了国际化语音。是的，任何一种语言，如果要普遍接受，就需要被普遍的文化所容纳；任何一种考试，如果希望在全球落地开花，就需要与原有的测试文化相结合，有区别也有衔接；任何一种推广项目，如果希望能够引领全球风潮，就需要具备足够的先进性和实用性，这样方可保证可持续性发展。语料就是这样的代表！

你还不了解语料吗？你已经out了！

还不赶紧来练习语料吗？没有练习过语料的学生要抓紧，否则你将虚度了你的雅思之旅！

从词汇库到语料库　与时俱进的词汇筛选与语料更新

《雅思王听力真题语料库》的单词、词组非常全面，而且会长期适用。语料库所配语音，也具有绝对的代表性。

听力词库分为三个部分：1. 通用词汇，也叫稳定性词汇。这部分词汇在英语中的使用频率非常高，出现在各个英语考试中，也出现在雅思听力考试的很多场景中。比如percent。这个单词看似简单，但是就是会有考生拼错。而这种错误，无论如何都不应该。2. 重要场景词汇，也叫较稳定词汇。主要是指雅思听力考试中常出现的场景，有别于别的考试，也有别于雅思考试的阅读和写作。比如教育场景，是雅思听力考试中的重要场景，也是口语问答中的常见场景。即使是新题，只要是跟教育场景相关的，就会有一些词汇是常使用的，比如academic。3. 特别场景词汇，也叫专属词汇。就是在很特别的场景下才会使用的词汇，属于"重磅炸弹"。但是即使使用的场景很少，因为是答案，或者跟答案相关，考生也必须会，比如wretched boat。这种词汇越来越少，但是只要有，"语料库"里面一定会及时收录的。

正是基于1、2点的考虑，语料库才采用这样的语料编排方式。有一些单词，会出现在很多场景中；有一些单词是每个场景都必须会的。现在这样的语料编排方式使得语料库有重点章节。这对于不要求8分的学生能节省大量时间。

语料库的12项革新　见证雅思听力王者风范

革新1：进一步完善词汇库（完全覆盖最新题库，凝聚剑1-9全部精华内容，以及所有听力机经词汇）。

革新2：将听力词汇分重点训练（名词、形容词和连读吞音优先训练）。

革新3：新增拼写规范，避免无谓牺牲（见“拼写规范”）。

革新4：补充训练方法，复习更为有效（见相关说明）。

革新5：提供速记模式（见“拼写语料库”）。

革新6：强化语法概念（见“复数听写”及“拼写语料库”中的“语法错觉”。

革新7：词性分检训练（这其实也是对语法的一种强化训练，提示考生注意卷面语法要求）。

革新8：循序渐进提高听音效果（先听名词和形容词，再听连读吞音）。

革新9：一书多用，避免位置记忆（首创“横向测试”和“纵向测试”）。

革新10：多语音训练，符合剑桥“语料”概念（这是全球听力测试的大方向，连新托福都引进了多语音测试）。

革新11：新增各种自学辅助小窍门，包括feedback表格、下划线和各种细节性说明。

革新12：提供雅思王群答疑。

何谓女王范？　女儿身，男儿心，持翻江力，存定海心

每个人都有自己的梦想。走在留学之路上的每一位考生都希望能够选择不一样的人生。在你开启你的追梦之旅的时候，首先你需要具备扎实的功底和坚韧的性格。不骄不躁，有方法，有步骤，沿着正确的方向持续向前。

当然，你一定要认准一位优秀的老师。任何一位优秀的人都具备多重优秀的素质。很多优点汇在一起，才能成就某种强项。

师者，传道授业解惑也。教育行业原本就是一种最强调学习品位的行业。你想获得“道”吗？你想调整自己的学习理念，形成正确的学习观念吗？从雅思王开始。

来吧，一起开始听写语料库！打造扎实的词汇和语音功底，捕捉一切有用信息！管神马选择还是填空，一切都从专项训练开始！

《雅思王听力真题语料库》是扎实的专项训练手册。

《雅思王听力真题速成》是纯粹的真题加训练方法。

随后附上“雅思王英语养成日记”。你们将看到一代名师是怎样奋斗成功的。能够跟花儿11年惺惺相惜、肝胆相照的人，必须足够睿智与宽厚。绝对可以作为每一位考生励志的榜样。

还等什么！

雅思日历　雅思王英语养成日记

我在2000年参加雅思考试，从2002年开始跟王陆老师合作，这一点在《雅思王口语真题速成》里面我已经提及。很多学生好奇“雅思王”这个名字是怎么来的，我觉得用“雅思王英语养成日记”来概括这个历程更为合适。

雅思王英语养成日记

年份	教学特点	主要教学成果	点评
2001年	王陆以完善真题样本为主要工作，为雅思教学提供最真实的教学素材和蓝本。	学生称王陆老师为“机经王”、“版本王”。《妙语连珠 舌战考官》首次出版，王陆以此开创了中外教联合授课的教学模式，为广大培训界所采用。	这一时期雅思真题比较有限，而学生和老师手里的素材也比较少。此时剑桥系列产品还没有在国内引进，因此，王陆老师所创下的样本库风格是很多雅思教学理论的基石。
2002年	王陆以发展样本库为主要风格，同时强化横向的教学比较。	王陆的讲座足迹遍及大江南北，预测准确，教学实用，学生们称之为“雅思王”。	此时的“妙语连珠”成为王陆的口语品牌之一。对样本库的研究处于发展阶段。口语话题数量逐渐增多，但是能把话题收集全的，无出王陆之右。而对听力真题的回忆也让王陆乐此不疲。除了在口语和听力上的造诣，王陆老师还跟考官合作编写了一套雅思图书，对雅思考试有全方位理解，并亲自教授词汇课。

<table>
<tr><td>2003年</td><td rowspan="2">此时对于真题的回忆相对较多。纯粹的真题复习工作量比较大，因此，王陆的教学开始从样本库过渡到样本库精华。</td><td>名气最大的是当年的网络下载版“807”听力词汇。</td><td rowspan="2">“807”虽说是词汇，但实际上建立在对剑桥出题原则深刻理解的基础上。有了“807”之后，剑桥1和2开始在国内引进。</td></tr>
<tr><td>2004年</td><td>“807”听力词汇进一步完善，从最初的807个过渡到1 000多个。</td></tr>
<tr><td>2007年</td><td>此时的王陆开始强调训练与讲解，并且针对学生的特点提出有针对性的训练方式。</td><td>王陆有五大教学法：
1. 807（听力机经词汇，教学素材）
2. 点式听力法（听力素材，反应训练）
3. 魔鬼跟读法（听力素材，语音训练）
4. 复数听写法（听力素材，语法训练）
5. 妙语连珠（口语机经，教学素材，语料库雏形）</td><td>此时的剑桥4和5已经在国内引进影印版，雅思考试也随之调整。“807”依然有其实用价值，“点式听力法”则是建立在剑桥4和5的基础上的训练方法。“妙语连珠”将口语机经做到了最全。</td></tr>
<tr><td>2009年</td><td>各种训练方式进行调整。</td><td>点式听力法不仅在雅思听力中使用，而且向口语融合；王陆在雅思口语教学中也进一步强调语法概念，跟听力中的复数听写法不谋而合。</td><td>“807”和“妙语连珠”进行了完美更新版调整，以完善分类方式为主。“点式听力法”在剑桥4和5的基础上添加了剑6的训练内容。</td></tr>
<tr><td>2010年</td><td>考生在第三部分话题跟考官“无交流对答状态”日益严重，考生</td><td>提出“听说并进”的概念，强化考场沟通能力。王陆的听力高分班创造了若干9分奇迹。</td><td>《雅思王口语真题速成》的主要核心思想在此时形成。</td></tr>
</table>

<table>
<tr><td>2011年</td><td rowspan="2">急需克服交流障碍。</td><td rowspan="2">让考生熟悉各种语音，强化语料概念，听说并进。</td><td rowspan="2">《雅思王口语真题语料库》和《雅思王听力真题语料库》在此时完成。这套书按照最新的雅思动态重新调整，并且包括了剑桥1～8中任何对现实考试有价值的内容，删减了一切对现实考试不具备指导意义的细节。</td></tr>
<tr><td>2012年</td></tr>
<tr><td>2013年</td><td>听力题型比重有调整</td><td>对各种题型有了更为灵活准确的处理方式。</td><td>《雅思王听力真题速成》即将完稿;《雅思王听力真题语料库》全面修订，引入“剑9”内容。</td></tr>
</table>

考试培训　真题与指南

选书跟选课是一样的。大班课，以老师的陈述为主。老师会对长期教学实践中观察到的学生常见问题有条理地进行讲述。内容全面，条理性、逻辑性比较强。在大班课上，学生之间的互动会比较多，取长补短，消息灵通。一对一，属于为考生量身定制，学生跟老师的互动比较多，可以有针对性地进行训练和提高，效果显著。“真题速成”提出了听说并进的概念，横扫一切雅思教学的模糊概念，提供完整翔实的雅思真题，不仅具有王者风范，恰似大班课上雅思王直抒胸臆，必读。“语料库”宛若一对一，有针对性地提高雅思分项弱点，强调实际语言应用，能够迅速强化语言训练的弱项，快速提分。

学习方法　教学与训练

这是一本强调“听音”的书。所以，在每个章节里面，首先要做的是听音测试。这是一本强调“训练”的书，所以每个章节会有feedback进行进度统计，全书还有统计分析。这是一本来自“真题”的书，所以具有广泛的适应性，所有的细节都不容错过。这是一本来自“实践”的书，所以有“横向测试”、“纵向测试”，循序渐进，一书多用，这是一本含有“复调性”编排的语料库，会有“混合语料”增大难度，也贴近考试。

从事雅思图书这许多年，看惯了考试变化的风风雨雨，也见到了雅思培训的种种变迁。雅思带给我们的是英语学习的进步和培训理念的改造，带给我和王陆老师的是友谊与奋斗的升华。

用一句我曾经的签名来送给我跟王陆老师的合作：

眼泪与汗水齐飞，书稿共胶片一色。

如果你是学生，如果你真的很想念书，如果你真的爱雅思王，那么一起加入雅思王群，大家讨论“雅思王”、沟通学习经验，彼此互助。

雅思王群号：147925473（满）

雅思王1群号：189744985（满）

雅思王2群号：164120597（满）

雅思王3群号：164122576（满）

雅思王4群号：170017572（满）

雅思王5群号：177103928（满）

雅思王6群号：184970611（满）

雅思王——双鱼座群号：195379007（满）

雅思王——巨蟹座群号：152676560（验证：雅思考生）

吕蕾的公众微信号：lvlei1973

吕蕾的微博：http://weibo.com/lvlei1973

吕蕾的博客：http://blog.sina.com.cn/wonderfullei

吕蕾

听说并进，能力与分数提升

——我的雅思心路

这套“语料库”对我来说是一种新的挑战。这一年多，听力高分班从原来的每个月一期变成了一个月四期，而安排给我的口语课程数量不减。有时晚上我10点半才进家，只要上网就会看到“幸福花”的催促。友谊是一种压力，更是一种动力，但是更多的动力来自于学生。我需要用最直接和最精炼的方式提供一种训练方法，能够让考生在自学训练的时候把“听说并进”的概念贯彻到底。

在这里，我首先要澄清三个概念：

1. “听说并进”是能力上的并进，这是不可分割的训练方式。听力材料来自于实际的口语交流；而在雅思口语考试中，如果不能正确领会考官的意思，一定会影响考生对问题的回答。这种不能正确领会，有的时候是因为考生确实不懂考官的词汇、短语、句型，有的时候是因为听得太少，不熟悉考官语音。所以，即使是在口语考试中，也要多听。而听力材料是国外实际生活中的口头表达材料，对考生的口语答案也有语言借鉴价值。

2. 每种科目的复习重点有差异。这一点是毋庸置疑的，因为听说读写分开测试的目的就是要从不同的角度衡量考生的语言表现能力。比如听力除了“听音”，还强调速记、规范和文化常识；口语除了强调语音和文字沟通，还强调体势语和现场发挥；阅读强调的是快速浏览查找信息的能力；而写作则强调考生对问题的回答能够被快速地“一目了然”。

3. 训练是必备过程。任何理论都需要配合一定的训练素材，这样反复练习才能正确理解和掌握。毕竟上考场的是考生自己，发挥好坏有赖于考生自身能力。除了考试之外，当你完成雅思考试，拿到签证，走向理想的学校或者领域，学习能力依然会对你的未来发展起到重要作用。因此，认认真真地面对备考的每一天，会让你不后悔雅思的备考历程。

在这套“语料库”里面我还做了三项特别的工作：

1. 强化语料特点，比如听力和口语语料中，一套材料会用不同语音朗读。

这一点非常重要。因为在实际的雅思考试中，雅思听力的语音呈多样化。与口语不同的是，这些朗读的voice actors受过专门的发声训练，音质清晰，但是发音技巧多样。所以考生会出现“反应”问题。在同一场中，考生也许会听到不同的口音，包括英音、澳音和印度音。这也会让考生产生不适应。口语考官来自很多地方，不仅限于伦敦。写作和阅读强调视觉比较和应用比较。这样考生上考场时就会胸有成竹。

2. 全部材料来自真实的雅思考试。

“语料库”中所有材料首先建立在对2013年之前所有的语言图书的研究成果，特别是对剑桥1～8的计算机分析成果之上；其次来源于广大考生所提供的考试回忆，同时还包括我个人几十次上考场的经验。

3. 对所有的语料配合适当的训练方法。

感谢吕蕾老师对我的教学法的归纳。不管哪一种教学法都是为了提高学生的能力和分数，但是不同的教学法解决不同的问题，也需要不同的训练材料。

在这套书即将完成之际，感谢考生在我博客里面的热情提问和鼓励，也感谢微博中的朋友对我的关心和支持。雅思给了我机会，让我能够完成作为一名培训老师帮助学生获取高分的心愿；我也希望考生能够抓住雅思考试这个机会，让自己的英语水平更上一层楼。

在本书编写过程中，王艳薇、江源、姜锋、李晓晴、苗琪云、王颖、张靖娴、殷博也参与了资料搜集和部分编写工作，在此一并表示感谢。

王陆微博：http://weibo.com/ieltswang

王陆博客：http://blog.sina.com.cn/ieltswang

使用说明

——雅思王听力语料库学习方法

我最不爱写东西，但最近有太多的同学问我关于语料库的学习方法，于是就有同学建议我写一下使用说明，省得我一个一个地回答。那我就写一下吧，写得不好，大家将就着看看就行了。

雅思王听力语料库是一本对学习雅思听力比较有帮助的词汇书。当当、亚马逊卓越上都有卖的。虽然在这两个网站上挂着的封面图是2011版的，但是目前基本上能买到的都是2012版和2013版的，现在买到的就是这个版次的啦……（大家别再问我在哪里买啦，我对这些可不擅长。）

目前有下图四种封面的书。

2011版的必会内容：第6章、第7章、第9章。

2012版的必会内容：第3章、第4章、第5章。

2013版的必会内容：第3章、第4章、第5章。

IELTS版的必会内容：第3章、第4章、第5章。

在这三章听写正确率达到95%以上之后，大家就可以继续练习听写其他章节了，这样雅思听力的分数会提高得更快。如果时间不够，那么就只能先好好完成这三章了。

任何事情都是有priority的，所以大家不用问我其他章节有没有必要完成。肯定是有必要的，但是如果来不及，那就只能先保证这三章了。

大家一般只需要练习横向听力就可以了，纵向听力不用练习。纵向听力是给雅思听力已经考到了7分、有多余时间、希望能得到更高分数的同学准备的。其他同学不用练习纵向听力。

听写方法：

例如，2013版的第3章一共有9个小节。当各位同学听写第3章Test Paper 1

时，不要使用暂停键，连续听写，然后对答案，将错的地方抄写到第1遍错词本上，最后背诵记忆这些错词。注意：继续听写下一节，即Test Paper 2。（大家千万不要一遍又一遍地听写同一个小节，想在当天达到90%的正确率。说实话，即使当天同一个小节听写了五六遍，正确率达到了90%，过几天还是会忘的，所以大家不要这样浪费时间，要快速地把所有内容都听写一遍才是关键。）Test Paper 2与Test Paper 1一样，也是听写、改错、抄写错词，最后背诵记忆。

大家一定要尽量快地把整个3、4、5章听写完一遍，并且在听写过程中绝对不可以使用暂停键。虽然在听写第5章的时候，绝大多数的同学都会出现跟不上的情况，但是也不可以使用暂停键。

很多同学问我几天听完三章比较合适？我希望是一天一章，但是很多同学做不到。那么就按以下标准吧。

最好：每天9个小节。

其次：每天6个小节。

再次：每天3个小节。

请大家量力而行。

为了要给语料库的每个版本的书挑录音的问题，我自己一天能听写完整本书。我和出版社都已经尽可能地完善每一个版本的书，如果还有疏漏，恳请大家见谅。

在这三章内容全部听写完一遍之后，然后进行第二遍语料库的听写，将错误总结到第2遍错词本上。然后进行第三遍语料库的听写，将错误总结到第3遍错词本上。然后进行第四遍语料库的听写，将错误总结到第4遍错词本上。然后进行第五遍语料库的听写，将错误总结到第5遍错词本上。以此类推……

我不在乎大家听写了多少遍，我只要求95%以上的正确率，呵呵，很过分吧。但是如果你只肯听写一遍，正确率在60%左右，肯定会影响分数的。

在考试前一周，大家只需要复习自己最后一遍错词本就可以了。因为这些词是硬骨头，你听写了那么多遍都没有记下来，就说明……哈哈哈，咱们对这些词不敏感。所以考前一定要强化一下，对大家肯定会有帮助的。

特别强调：如果各位同学想练习效果更好，可以使用加快速度的方式来练习：

第一遍：1倍速度

第二遍：1.4倍速度

第三遍：1.6倍速度

（当然，第5章就不用这样了，现在1倍正常速度都写不出来呢。呵呵呵。）

在这三章听写完之后，接下来要听写的重点章节是：2011版的第2章和第3章，或是2012版、2013版以及这个版次的第2章和第8章。用完成前面三章的方法来完成这两章的听写吧。

在这里想和大家说一下，并不是每个人都是有毅力的，大家能做到多少就做多少，不要太纠结。我的毅力也是特别差的，呵呵呵，我只是要求大家，其实我自己根本做不到的啦。

最后，感谢Z小婷同学的语料库听写图片。然后把大家夸我的微博也show off一下。

哈哈哈，祝大家雅思考试成功！！

回复@Cindy媛宝:啊。。。啊。。这么牛。。嘻嘻。//@Cindy媛宝:老师，我是之前上您听力网课的学生，后来用您教的方法练了一段时间，听力8.5，可惜没有9，不过对于第一次考雅思的我来说已经是惊喜，现在在英国了谢谢老师

回复@爱肉村的猫:嘿嘿。。。我又高兴啦。。。。//@爱肉村的猫:lulu老师要注意休息哦~过来给您汇报 我是您7月份网络直播班学生 上次考听力只有6这次7.5 虽然不如大牛们 但也很开心了 谢谢lulu老师 我还要继续努力写作和口语~~还有听力语料库非常有用~~

邱不爽:再说一句~最后语料库我是全部听完了~正确率一直是100%！！！最后走火入魔~一定百分百才罢休~我想要不是我那一次考试20多道选择题，说不定能更高~不过很开心呢！！能说是您的学生不？？？？？嘿嘿！(今天 19:02)

评论 我的微博:"//@环球王陆: //@环球英语..."

来自新浪微博

回复

邱不爽:陆陆老师！刚查到421的成绩~总分7.5！！听力8诶！您肯定无法想象我global listening的能力有多差，可是雅思听力却很好！这说明什么？？？？语料库又拯救了一个听力白痴~回想埋头听写的那段日子啊！同学都觉得我疯了！！！！400张a4的纸，无数支子弹笔！关键是剑八最后只做了一套题，点复各一次而已！(今天 18:59)

评论 我的微博:"//@环球王陆: //@环球英语..."

每次测试完都要填写后面两个表格，监督一下自己的学习进度。

大家加油啊……

任务完成表

第一遍

3.2																	
4.2		4.3															
5.2																	
6.3		6.4		6.5		6.6		6.7		6.8		6.9		6.10		6.11	
7.2		7.3		7.4													
8.2		8.3		8.4		8.5		8.6		8.7							
9.2																	

第二遍

3.2																	
4.2		4.3															
5.2																	
6.3		6.4		6.5		6.6		6.7		6.8		6.9		6.10		6.11	
7.2		7.3		7.4													
8.2																	
9.2																	

第三遍

3.2																	
4.2		4.3															
5.2																	
6.3		6.4		6.5		6.6		6.7		6.8		6.9		6.10		6.11	
7.2		7.3		7.4													
8.2																	
9.2																	

正确率表

第一遍

3.2	%																
4.2	%	4.3	%														
5.2	%																
6.3	%	6.4	%	6.5	%	6.6	%	6.7	%	6.8	%	6.9	%	6.10	%	6.11	%
7.2	%	7.3	%	7.4	%												
8.2	%	8.3	%	8.4	%	8.5	%	8.6	%	8.7	%						
9.2	%																

第二遍

3.2	%																
4.2	%	4.3	%														
5.2	%																
6.3	%	6.4	%	6.5	%	6.6	%	6.7	%	6.8	%	6.9	%	6.10	%	6.11	%
7.2	%	7.3	%	7.4	%												
8.2	%																
9.2	%																

第三遍

3.2	%																
4.2	%	4.3	%														
5.2	%																
6.3	%	6.4	%	6.5	%	6.6	%	6.7	%	6.8	%	6.9	%	6.10	%	6.11	%
7.2	%	7.3	%	7.4	%												
8.2	%																
9.2	%																

目录

CONTENTS

Chapter 1

雅思王
精解听力
语料库

IELTS

本部分主要训练雅思听力语料基本训练方法和在备考过程中的注意事项。要掌握好本书中的语料，分为4步：

第1步，基本语料训练：先做测试，然后对照答案评估测试结果。这部分由英音正常速度朗读。重点解决考生“不熟悉”和“记录慢”这两种常见问题。

第2步，特殊语料训练：在第1步的基础上发现自己的薄弱环节，然后进行测试。这部分语料由带有一定口音的Voice Actors朗读，朗读速度较快。重点训练考生熟悉语音和快速反应。

第3步，魔鬼跟读：在雅思听力中，Hallie提倡“魔鬼跟读法”。考生要充分适应自己不熟悉的语音和不熟悉的表述方式。而在口语中，我提倡“自然跟读法”，就是要使自己的口语尽量字正腔圆，不会让考官产生歧义（详见《雅思王听力真题速成》）。

第4步，超越语料：语料来自于我们的实际应用，属于每一位考生，属于每一位为理想而奋斗的人。听力语料对雅思口语也有很好的借鉴作用，因此，需要考生认真掌握。

考生不要先看答案，而是要先进行听音训练。

在听音训练之后，再对照答案寻找差距。

1.1 那些你必须知道的语料知识

1 陆陆老师，我知道雅思考试必须掌握一定的词汇，但是我不知道语料是什么，有多重要？

王陆：这个问题问得很好。很多同学熟悉词汇，但是在实际考试中，总觉得单词“有劲使不上”，这就是因为学生不熟悉“语料”这个概念。英语的语料是在实际使用中真实出现过的语言材料，包括但不仅限于词汇。语料是动态的，也是经过提炼和分析的。我们都知道英语没有“普通话”，在实际应用中，很多语料的用法因人而异，甚至因地而异。这样，单纯的“基本”应用跟实际生活有很大的差异，所以雅思强调“语料库”，这也体现了剑桥考试的先进性。你们仔细看“剑7”和“剑8”，包括“剑9”就会发现它们都对语料库做了特别的标志，就是corpus那个单词。

2 既然语料库很重要，为什么还需要背单词？

王陆：单词是基本应用，就如同要先学会走才会跑一样。

3 雅思听力的词汇量究竟有多大？

王陆：雅思听力词汇很丰富，但是主要围绕着国外常见的学习和工作场景。其中需要拼写的有2 000~3 000词汇，另有1 000个左右词汇会影响考生的答案判断。

4 雅思听力的语料大概有多少，有什么特点？

王陆：听力的单词本身不难，但是会涉及很多灵活运用，所以语料的作用非常重要。比如对于oo，在剑桥的语料库读成double o，由于连读、略音和变调，会很容易误听成w。因此，我们把剑桥的语料库分为九个部分。第一部分是生存语料库，多数出现在Section 1和Section 2，这里有基本信息的各种语料。第二部分是拼写规范。第三部分是复数拼写语料库，主要源自剑桥真题，考生需要熟悉名词的复数形式，让自己的耳朵对剑桥的答案具有更强的亲和力。第四部分是拼写语料库。第二和第四部分词汇旨在彻底解决拼写错误问题，能大幅度提高填空题的有效得分率。第五部分是特别名词语料库，第六部分是形容词副词语料库，第七部分是动词语料库。这三部分语料根据词性划分。之所以如此，是因为在考场上，考生先预读题目，然后根据预读结果对答案有一定的语法评估，如果能够估测答案的词性，在听的过程中就更有助于辨别答案。此外，在这三部分词汇中，名词语料是最多的。第八部分语料属于连读、吞音、混合语料训练。这部分是把前七项语料特征进一步混合，同时添加连读、吞音、变调等实际应用。第九部分是流动性语料库。这些语料往往会标志着新的信息出现或者能够表示态度、观点等。这部分语料源自剑桥1~9中的答案出题点，对于判断答案的正确性有很大帮助。这八部分构成了完整的语料库。

5 陆陆老师，雅思听力语料应该怎么掌握？

王陆：雅思听力有五大难点：反应、拼写、生词、发音和单复数。因此整本语料库以听写训练为主，每个单词都需要快速准确反应，正确拼写。有四个过程。第一步，基本语料听写。这部分语料主要是英音。考生先做听写练习，然后比对书中的答案，并且在每章后面的统计表里面填写评测结果。之后在背诵的时候要结合CD光盘，光盘里面有专门的“听力语料库完整版”。第二步，特殊语料听写。还是同一份材料，读音相对国际化，语速也快一些。考生在听完之后，继续完善评测结果。第三步，魔鬼跟读。通过跟读训练，强化自己的耳朵对音的辨别能力。这三步算一个周期。之后你会发现自己的听力有实质性的飞跃。最后一个阶段叫做“超越语料”，也就是说，你已经把这些语料充分掌握，自如地运用到听力和口语中去，达到了听说并进的效果。

6 您强调听说并进，那么听力语料和口语语料可以同步背诵吗？

王陆：有一定重合，但是对于不同科目的考试，在语料的掌握上会有不同的侧重点。

7 这本书仅仅是听力语料库吗？

王陆：包括但不限于听力语料。这本书是通过提高考生的语料水平来直接提高考生对答案的敏感度。在整个语料库编排过程中，渗透了应试技法的讲解，与雅思听力的答题方法相吻合。比如，雅思听力考试在周四或周六上午9点正式开始，持续30分钟，在听完音之后有10分钟时间抄写答案。在听音记答案的过程中，可以使用各种帮助记忆的内容和笔记形式。在本书中就有章节介绍了多字母长词如何用缩写以及其他的笔记形式。这样可以保证考生在写答案过程中能记住自己所写内容。

8 听力考试中只采用英国口音的英语吗？

王陆：不是的。考生在考试中会听到多种口音的英语，所以请大家要熟悉各种发音，尤其是英音和澳音。同学们必须尽力去适应这些口音。在准备考雅思听力期间，尽量少听美语的东西。口语考官有美国人，但是不多。所以在《雅思王口语真题语料库》中有少量美音的东西。

9 听力答案可以全大写吗？

王陆：在听力中，可以采取答案全大写的形式。什么是全大写？MONDAY、PRESENTATION、TUTORIAL、SEMINAR GROUPS、FEBRUARY 18 (18 FEBRUARY, 18TH FEBRUARY, FEBRUARY 18TH, 18th FEBRUARY, FEBRUARY 18th）都给分，另外，TH或th放在右上角也给分，请大家不要怀疑，我自己考试验证过。如果采取这种方法，必须所有的答案都大写，不可以不确定的大写，确定的小写。要保证一致。我自己采用的是全大写，我的雅思成绩听力9分。全球评分标准是一致的。

10 点式听力是什么？

王陆：要求考生在平时训练的过程中，不使用暂停键，抓住核心语料，快速反应，正确拼写。这种训练方式跟考场实际环境是一样的，是考生必须掌握的训练方法。书中的相关章节会有详细说明。

11 雅思听力中为什么要强调魔鬼跟读法？

王陆：雅思听力中，口音呈多样化。其中有一些口音是考生不适应的。魔鬼跟读法主要提高考生的语音敏感度，书中的相关章节会有详细描述。

12 您为什么强调复数听写法？

王陆：这一点非常重要。所谓的复数听写法是指不仅要能够反应出名词的单数形式，也要关注名词的复数形式。因为汉语中，我们对“们”的概念比较弱，这就造成了英语中不喜欢加s，这样会引发语法错误。比如，我们汉语中会说“桌子，三张桌子”，但是不会说“桌子，三张桌子们”，可是英语中却是“desk, three desks”。有一些单词复数形式会有特殊变化，因此就更需要引起考生注意。但是这部分单词不是很多，只要重点掌握书中所出现的内容就可以。

13 记不住词义怎么办?

王陆：听力考试中强调听见声音，写出答案。要求快速拼写的能力。而听懂意思有时是第二位的。例如，听见psychology，正确拼写是第一位的，听懂意思是第二位的。

14 什么时候开始背单词?

王陆：越早越好，最好在上辅导班之前去除词汇障碍。

15 什么时候开始准备语料?

王陆：越早越好，只是这个过程会伴随你整个备考，乃至整个英语学习过程。

1.2 全书教学法及训练法大观

特别说明：这些方法都是Hallie的学生在实际考试训练中验证过的，是雅思听力备考必须掌握的内容。

教学法	教学特点	主要针对问题
魔鬼跟读法	跟读最不适应的语音	反应、发音：解决对口音的“误解”或者不敏感
点式听力法	不使用暂停键，抓住核心语料	反应、生词：还原考场状态，调整训练习惯
复数听写法	强化单复数拼写规则	单复数：对单词的复数形式不适应
训练法	**编排特点**	**主要针对问题**
联想记忆法	发挥联想记忆	生词：提高语料记忆效果
拼写规范	强调拼写正确率	拼写：按照规范进行拼写；记忆语料的过程中不出现不必要的拼写错误
缩写法	强调快速记笔记	反应：提高听写效果，避免遗漏信息
词性分配法	通过预读，能够对答案的词性做预判	反应：可以排除模糊答案
横向测试	在同一个表格里面，横向的语料之间具有某种相关性	反应、生词、发音：通过联想记忆提高掌握效果，通过语音比对提高分辨能力
纵向测试	在同一个表格里，纵向的语料之间相关性较差，虽然跟横向测试的文本相同，但是测试效果不同	反应、发音、生词：纵向测试与横向测试采用的语音、语速不同。这样可以过滤掉“假记住”现象
混合训练法	把多种语料混合训练	反应、发音、拼写、单复数：语料在实际运用中包含了多种元素。混合训练具有更强的实战效果

1.3 Feedback Card说明书

		漏听	生词	对发音不熟悉	连读	拼写错误	大小写错误	单复数错误
第一循环	基本语料							
	特殊语料							
第二循环	基本语料							
	特殊语料							
第三循环	基本语料							
	特殊语料							

考生在每一轮测试结束之后，都要统计一下自己错误的原因。常见的原因如下：

A. 漏听

漏听代表对信息非常熟悉，但是当时走神了，所以影响分数。考生一定要把漏听个数减少到2个之内。

很多考生说自己听第二遍正确率立刻上来了，其实还是对单词不敏感，反应有问题。还有就是因为忙着拼写上一个答案，因为在思考，所以没有听到下面的答案。说到底，还是听力水平有问题。

B. 生词

如果答案所需单词是考生以前没有背过的，那么考生只需记住这个单词的发音和拼写就可以了，不要太在意有没有填出答案。

如果大家需要获得7分以上，40个答案中的生词应该不超过4个。

C. 对发音不熟悉

这个是非常严重的问题，也是影响听力答案的主要原因之一。

如果考生在对照答案的过程中发现有些单词不是生词，但是没有听到，那么有可能就是考生对于发音不熟悉，考生要多读几次这个单词，争取能够很快捕捉到单词。雅思考试语音国际化，有些单词的读音不是考生熟悉的声音。例如：雅思考试中schedule 读成/'ʃ-e-djul/，而正常考生熟悉的是/'skedjul/，所以考生一定要注意。

D. 连读

如果考生连续几次都没有听到CD中的答案，或者对照书籍也觉得不像，那么考生要注意是不是CD中有连读现象。连读就是指类似于把I am going to弱读为I'm gonna 这种现象。考生要跟随CD多读几次，把发音记住，不要去理解，因为没有一定的规则，考生只要记住就可以了。

E. 拼写错误

如果考生把答案听到了，却出现了拼写错误，这是最糟糕的，考生一定把拼写错误减到0个。

F. 大小写错误

考生有时混淆答案大小写，这在雅思考试中是不允许的，考生对照答案时一定要仔细对照大小写。建议在真正考试中，采取40个答案全部大写的形式。

G. 单复数错误

有些考生只把名词听出来了，但是没有写复数，这种答案也不给分。考生一定要注意。在本书中，有专门的章节介绍单复数问题。

Chapter 2

雅思听力语料库拼写规范

IELTS

2.1 通用拼写

下述拼写属于英美通用方式，在考试中不会因此而减分。左右两种都可以。

British	American
acknowledgement	acknowledgment acknowledgement
adviser	advisor
ageing	aging
aeroplane	airplane
aluminium	aluminum
analogue	analog
annex, annexe	annex
apologise, apologize	apologize
archaeology	archeology, archaeology
artefact	artifact
axe	ax, axe
analyse, analyze	analyze
behaviour	behavior
cancelled	canceled, cancelled
catalogue	catalog(ue)
centre	center
cheque	check
chilli, chili	chili
colour	color
cosy	cozy
counsellor	counselor
criticise, criticize	criticize

British	American
defence	defense
dialogue	dialog(ue)
disc, disk	disk
doughnut	donut, doughnut
draught	draft
emphasise	emphasize
enquiry, inquiry	inquiry
enrol	enroll
favour	favor
fibre	fiber
flavour	flavor
fulfil	fulfill, fulfil
glamour	glamour, glamor
grey	gray
harbour	harbor
honour	honor
jail, gaol	jail
jewellery	jewelry
judgement	judgment
kerb (*n.*)	curb
kilometre	kilometer
labour	labor
licence (*n.*)	license
litre	liter
manoeuvre	maneuver

British	American
metre	meter
mould	mold
naught	nought
neighbour	neighbor
offence	offense
organisation	organization
parlour	parlor
plough	plow
practise (*v.*)	practice
practice (*n.*)	practice
programme	program
pyjamas	pajamas
realise	realize
rigour	rigor
saviour	savior
savour	savor
sceptical	skeptical
skilful	skillful, skilful
speciality	specialty
sulphur	sulfur
theatre	theater
traveller	traveler
travelling	traveling, travelling
tyre	tire
vice	vise, vice
vigour	vigor
woollen	woolen

2.2 两种拼写

adviser=advisor

archaeology=archeology

barbeque=barbecue

catalogue=catalog

cheque=check

commonsense（连写，形容词）

common sense（常识）

drop off

drop-out

drop out

dropout

enrollment=enrolment

environmentally friendly=environmentally-friendly（空格或加连词符均可）

fibre=fiber

jewellery=jewelry

licence=license

website=web site

programme=program

high-rise（有连字符，代表高层的）

high rise （有空格，代表高层建筑）

open-book（有连字符，表示开卷）

open book （有空格，表示容易被人看透的人）

hot-dog（有连字符，译为“表演技巧”）

hot dog（有空格，译为“热狗”）

second-hand（有连字符，译为“二手的，旧的”）

second hand（有空格，译为“秒针”）

specialised=specialized

traveller=traveler

travelling=traveling

2.3 必须连写的词

1. 第一组：A~E

airport	antibiotics
automobile	bookkeeper
bookshelf	bookshop
bookstore	boyfriend
breathtaking	checkbook
childcare	cocktail
countryside	crossroads （连写，必须加s）
deadline	downtown
downward	employment
extracurricular	eyesight

2. 第二组：F~H

feedback	flashlight
footprint	girlfriend
greenhouse	greyhound
guidebook	handbook
headquarters （连写，必须加s）	headphones （连写，必须加s）
headmaster	healthcare
heartbeat	helpline
hothouse	household
housekeeping	

3. 第三组：特别词汇

<table>
<tr><td rowspan="2">inter</td><td>interlibrary</td><td rowspan="2">注意：inter这个前缀与后面的词99%都是连在一起的，不用加连字符，也不要空格。在考试中，如果不确定，连写正确率更高。</td></tr>
<tr><td>interpersonal</td></tr>
<tr><td rowspan="4">micro</td><td>microbiology</td><td rowspan="4">注意：micro这个前缀与后面的词99%都是连在一起的，不用加连字符，也不要空格。在考试中，如果不确定，连写正确率更高。</td></tr>
<tr><td>microchip</td></tr>
<tr><td>microscope</td></tr>
<tr><td>microwave</td></tr>
<tr><td rowspan="7">mid</td><td>midday</td><td rowspan="7">注意：mid这个前缀与后面的词99%都是连在一起的，不用加连字符，也不要空格。在考试中，如果不确定，连写正确率更高。</td></tr>
<tr><td>midmorning</td></tr>
<tr><td>midnight</td></tr>
<tr><td>midsummer</td></tr>
<tr><td>midterm</td></tr>
<tr><td>midweek</td></tr>
<tr><td>midwinter</td></tr>
<tr><td>mini</td><td>minibus
minicab
miniskirt</td><td>注意：mini这个前缀与后面的词结合在一起，有加连字符的，也有直接写在一起的，需要特别背诵。</td></tr>
<tr><td rowspan="7">motor</td><td>motorbike</td><td rowspan="7">注意： motor这个前缀与后面的词结合在一起，有加连字符的，有直接写在一起的，有加空格的，需要特别背诵。</td></tr>
<tr><td>motorboat</td></tr>
<tr><td>motor car</td></tr>
<tr><td>motorhome=motor home</td></tr>
<tr><td>motorcycle</td></tr>
<tr><td>motor racing</td></tr>
<tr><td>motorway</td></tr>
</table>

<table>
<tr><td rowspan="4">over</td><td>overall</td><td rowspan="4">注意：over这个前缀与后面的词99%都是连在一起的，不用加连字符，也不要空格。在考试中，如果不确定，连写正确率更高。</td></tr>
<tr><td>overhead</td></tr>
<tr><td>overseas
（连写，必须加s）</td></tr>
<tr><td>overstate</td></tr>
</table>

4. 第四组：I~R

<table>
<tr><td>incoming</td><td>kilogram</td></tr>
<tr><td>landlady</td><td>landlord</td></tr>
<tr><td>landmark</td><td>layout</td></tr>
<tr><td>lifestyle</td><td>outskirts（连写，必须加s）</td></tr>
<tr><td>loudspeaker</td><td>membership</td></tr>
<tr><td>network</td><td>newsletter</td></tr>
<tr><td>newsreel</td><td>notebook</td></tr>
<tr><td colspan="2">noticeboard（常连在一起，但也有分开写成notice board）</td></tr>
<tr><td>online=on-line</td><td rowspan="2">lookout points（look与out连写，表示观望点）</td></tr>
<tr><td>roommate</td></tr>
</table>

5. 第五组：P~S

painkiller	passport
password	photocopy
postcode	psycholinguistics
railway station	raincoat
raindrop	rainwater
sandglass	sandwich
seafood	shoplifter
snowboarding	soundproof

sportswear（连写，注意中间的s）	storehouse
subcommittee	submarine
subtitle	subtopics（这个词在词典上没有，但是连写可能性更大）
subway	sunblock
sundial	sunlight
sunscreen	sunshade
suntan	supermarket

6. 第六组：T~W

textbook	underground
upward	videotape
watchdog	waterskiing
waterfall	waterproof
whiteboard	wildlife
workload	workshop
worthwhile	

7. 新增内容

second-hand	breathtaking
cooperative=co-operative	childcare
self-funded	close-up
self-sufficient	keyword
seven-screen	

2.4 加连字符的词

1. 第一组：特别词汇

前缀	词汇	注意
mini	mini-series mini-system mini-report	注意：mini这个前缀与后面的词结合在一起，有加连字符的，有直接写在一起的，需要特别背诵。
non	non-active non-drinker non-fat non-medicine non-resident non-smoker non-standard non-start non-stop non-verbal	注意：non这个前缀与后面的词99%加连字符，在考试中，如果不确定，加连字符的正确率更高。
self	self-access self-defence =self-defense self-discipline self-funded self-locking self-sufficient	注意：self这个前缀与后面的词结合在一起，经常使用连字符，在不确定时，可以加连字符变成形容词。
well	well-organized	注意：well这个前缀与后面的词结合在一起，经常使用连字符，在不确定时，可以加连字符变成形容词。

2. 第二组：A~Z

audio-visual	CD-ROM
closed-circuit	close-up
clover-leaf	co-operation=cooperation
first-year student	full-time student
hard-hoofed	highly-trained（形容词有连字符）
hard-working	high-risk
long-term	long-time
low-risk	man-made
little-known	note-taking
one-way ticket	part-time
phone-in	pre-booking

2.5 空格词

air conditioner	bed linen
bed sheet	book list=booklist
check card	common room
date line	drop off（*v.*）
dropoff（*n.*）	drop out（*v.*）
dropout（*n.*）	eye drop
head office	help desk
ice skating	roller skating
tape script=tapescript	water clock

Chapter 3

雅思听力特别名词语料库

IELTS

本部分主要训练雅思听力测试中最重要的名词。雅思听力题目以细节为主。因此名词的各种形式就构成了听写部分的主要内容。这部分语料被称为“雅思听力特别名词语料库”。要掌握好这些语料，分为4步：

第1步，横向测试训练：先做测试，然后对照答案评估测试结果。这部分由英音正常速度朗读。重点解决考生“不熟悉”和“记录慢”这两种常见问题。

第2步，纵向测试训练：在第1步的基础上利用原来的测试材料重新测试，只是语音有所改变。特殊语料由带有一定口音的Voice Actors朗读，朗读速度较快。重点训练考生熟悉语音和快速反应。

第3步，魔鬼跟读：在雅思听力中，Hallie提倡“魔鬼跟读法”。考生要充分适应自己不熟悉的语音和不熟悉的表述方式。而在口语中，Hallie提倡“自然跟读法”，就是要使自己的口语尽量字正腔圆，不会让考官产生歧义（详见《雅思王听力真题速成》）。

第4步，超越语料：语料来自于我们的实际应用，属于每一位考生，属于每一位为理想而奋斗的人。听力语料对雅思口语也有很好的借鉴作用，因此，需要考生认真掌握。

考生不要先看答案，而是要先进行听音训练。

在听音训练之后，再对照答案寻找差距。

3.1 语料训练方法（1）

名词

考生在做题之前，先要利用听指南的时间对答案的内容进行预判，然后有针对性地辨别录音中的信息。

熟悉词性，对于考生捕捉正确答案有很大帮助。

横向测试

这是Hallie独创的听力训练方法。在语料测试表里，横向语料往往在形态、语义、语音等很多方面有相似之处。考生可以方便记忆，同时可以辨别语料间的差异。横向测试中，语料的朗读主要以英音为主。

纵向测试

这也是Hallie独创的听力训练方法。在语料测试表里，纵向语料在形态、语义、语音等很多方面存在较大差异。考生可以在“无提示”状态下通过语音单独测试自己对语料的掌握水平。纵向测试中，语料的朗读以澳音和印度音为主。

3.2 特别名词

Test Paper 1

各位同学，请先做听写练习。做完之后核对答案，并填写feedback表格。

Feedback

本次测试题目个数：112

		漏听	生词	对发音不熟悉	连读	拼写错误	大小写错误	单复数错误
第一循环	横向测试							
	纵向测试							
第二循环	横向测试							
	纵向测试							
第三循环	横向测试							
	纵向测试							

语料测试表			
ability [ə'bɪlətɪ] 能力	abstract ['æbstrækt] 摘要	accountant [ə'kaʊntənt] 会计	accuracy ['ækjʊrəsɪ] 准确度
acid ['æsɪd] 酸	action ['ækʃn] 行动	activity [æk'tɪvətɪ] 活动	actor ['æktə(r)] 男演员
adult ['ædʌlt] 成人	adventure [əd'ventʃə(r)] 冒险	advertisements [əd'vɜːtɪsmənts] 广告，宣传	advertising ['ædvətaɪzɪŋ] 广告
advice [əd'vaɪs] 建议	age [eɪdʒ] 年纪	agency ['eɪdʒənsɪ] 代理机构，中介	agreement [ə'griːmənt] 同意
agriculture ['ægrɪkʌltʃə(r)] 农业	aid [eɪd] 帮助	aim [eɪm] 瞄准，对准；目的	air [eə(r)] 空气
allergy ['ælədʒɪ] 过敏	alley ['ælɪ] 小巷，道	allowance [ə'laʊəns] 津贴	alteration [ˌɔːltə'reɪʃn] 改变
altitude ['æltɪtjuːd] 海拔，高度	ambition [æm'bɪʃn] 野心，抱负	ambulance ['æmbjələns] 救护车	amount [ə'maʊnt] 数量
analysis [ə'næləsɪs] 分析	analyst ['ænəlɪst] 分析家	anger ['æŋgə(r)] 愤怒	animal ['ænɪml] 动物
ankle ['æŋkl] 踝	answer ['ɑːnsə(r)] *n.* / *v.* 回答	Antarctica [æn'tɑːktɪkə] 南极洲	ape [eɪp] 猿

appearance [ə'pɪərəns] 外貌	architect ['ɑːkɪtekt] 建筑师	architectures ['ɑːkɪtektʃə(r)z] 建筑学；建筑物	area ['eərɪə] 地区，部分
argument ['ɑːgjʊmənt] 论证	aristocrat ['ærɪstəkræt] 贵族	army ['ɑːmɪ] 军队	art [ɑːt] 艺术
article ['ɑːtɪkl] 文章，用品	aspirin ['æsprɪn] 阿司匹林	assignment [ə'saɪnmənt] 作业	atlas ['ætləz] 地图册
audience ['ɔːdɪəns] 观众	auditorium [ˌɔːdɪ'tɔːrɪəm] 礼堂	author ['ɔːθə(r)] 作者	authority [ɔː'θɒrətɪ] 权威
average ['ævərɪdʒ] 平均	award [ə'wɔːd] 奖励	bachelor ['bætʃələ(r)] 学士	background ['bækgraʊnd] 背景
bacteria [bæk'tɪərɪə] 细菌	badge [bædʒ] 徽章	badminton ['bædmɪntən] 羽毛球	backpack [bæk'pæk] 肩背大包自助旅行
baldness ['bɔːldnɪs] 秃头	band [bænd] 乐队	bandage ['bændɪdʒ] 绷带	bands [bændz] 乐队（复数）
bank [bæŋk] 银行	banquet ['bæŋkwɪt] 宴会	base [beɪs] 基础	basement ['beɪsmənt] 地下室
bases ['beɪsiːz] 底部，基地	basis ['beɪsɪs] 基础	bath [bɑːθ] 洗澡	batteries ['bætərɪz] 电池（复数）
battery ['bætərɪ] 电池	beach [biːtʃ] 海滩	beard [bɪəd] 胡子	beats [biːts] 跳动的次数

beauty ['bjuːtɪ] 美女	bed [bed] 床	bedroom ['bedruːm] 卧室	bed sheet [bedʃiːt] 床单
bedsit ['bedsɪt] （卧室兼起居室的）小套房	behaviors [bɪ'heɪvjə(r)z] 行为；态度	belt [belt] 带子	benefit ['benɪfɪt] 优势
beverage ['bevərɪdʒ] 软饮料	bibliography [ˌbɪblɪ'ɒgrəfɪ] 参考书目	bicycle ['baɪsɪkl] 自行车	bill [bɪl] 账单
biologist [baɪ'ɒlədʒɪst] 生物学家	bird [bɜːd] 鸟类	birth [bɜːθ] 出生	blanket ['blæŋkɪt] 毯子
blast [blɑːst] 爆炸	block [blɒk] 街区	blouse [blaʊz] 女式衬衫	board [bɔːd] 木板；董事会
boarder ['bɔːdə(r)] 住校的学生	boat [bəʊt] 船	bone [bəʊn] 骨头	bowl [bəʊl] 碗
bowling ['bəʊlɪŋ] 保龄球	branch [brɑːntʃ] 分支，分部	breakfast ['brekfəst] 早餐	brick [brɪk] 砖
bridge [brɪdʒ] 桥	brochures ['brəʊʃə(r)z] 小册子	building ['bɪldɪŋ] 建筑物	bungalow ['bʌŋgələʊ] 平房
burger ['bɜːgə(r)] 汉堡	burglar ['bɜːglə(r)] 夜盗	bus [bʌs] 公共汽车	cab [kæb] 出租车

Test Paper 2

各位同学，请先做听写练习。做完之后核对答案，并填写feedback表格。

Feedback

本次测试题目个数：143

		漏听	生词	对发音不熟悉	连读	拼写错误	大小写错误	单复数错误
第一循环	横向测试							
	纵向测试							
第二循环	横向测试							
	纵向测试							
第三循环	横向测试							
	纵向测试							

语料测试表			
cabinet ['kæbɪnət] 橱柜	cable ['keɪbl] 电缆，有线电视	café ['kæfeɪ] 咖啡厅	cafeteria [ˌkæfə'tɪərɪə] 咖啡店，自助餐厅
cage [keɪdʒ] 笼子	Cambridge ['keɪmbrɪdʒ] 剑桥	camel ['kæml] 骆驼	camera ['kæmərə] 相机
camp [kæmp] 露营	campus ['kæmpəs] 校园	candidate ['kændɪdət] 候选人，考生	candle ['kændl] 蜡烛
canteen [kæn'tiːn] 食堂	capital ['kæpɪtl] 资金；首都	capsule ['kæpsjuːl] 胶囊	carbon ['kɑːbən] 碳
care [keə(r)] 关注，照顾	career [kə'rɪə(r)] 事业	carpet ['kɑːpɪt] 地毯	carving ['kɑːvɪŋ] 雕刻
cashier [kæ'ʃɪə(r)] 出纳员	castle ['kɑːsl] 城堡	category ['kætəgərɪ] 种类	cathedral [kə'θiːdrəl] 大教堂
cause [kɔːz] 起因	cave [keɪv] 洞穴	cents [sents] 分	century ['sentʃərɪ] 世纪
certificate [sə'tɪfɪkət] 证书	chair [tʃeə(r)] 椅子	chance [tʃɑːns] 机会	chancellor ['tʃɑːnsələ(r)] 大学校长（英式）
channel ['tʃænl] 海峡	chapter ['tʃæptə(r)] 章节	character ['kærəktə(r)] 品质，特性	charge [tʃɑːdʒ] 收费

charity ['tʃærətɪ] 慈善	chart [tʃɑːt] 图表	chat [tʃæt] 聊天	checklist ['tʃeklɪst] 核对清单
checks [tʃeks] 核对支票	cheese [tʃiːz] 奶酪	chemist's ['kemɪsts] 药店	chest [tʃest] 胸部
chick [tʃɪk] 小鸡	chicken ['tʃɪkɪn] 鸡；鸡肉	child [tʃaɪld] 儿童	chin [tʃɪn] 下巴
chocolate ['tʃɒklət] 巧克力	choice [tʃɔɪs] 选择	church [tʃɜːtʃ] 教堂	cinema ['sɪnəmə] 电影院
circle ['sɜːkl] 圆	city ['sɪtɪ] 城市	clarity ['klærətɪ] 清楚	cleaner ['kliːnə(r)] 清洁工
cleaning ['kliːnɪŋ] 清洁	client ['klaɪənt] 客户	cliffs [klɪfs] 悬崖，峭壁	climate ['klaɪmət] 天气
clinic ['klɪnɪk] 诊所	clock [klɒk] 钟	cloth [klɒθ] 布	clothing ['kləʊðɪŋ] 服装
club [klʌb] 俱乐部	coach [kəʊtʃ] 长途汽车	coast [kəʊst] 海边	code [kəʊd] 密码，代码
coke [kəʊk] 可乐	cola ['kəʊlə] 可乐	colleague ['kɒliːg] 同事	college ['kɒlɪdʒ] 学院
comedy ['kɒmədɪ] 喜剧片	commercials [kə'mɜːʃls] 广告	commuter [kə'mjuːtə(r)] 通勤者	companion [kəm'pænɪən] 同伴

company ['kʌmpənɪ] 公司；陪伴	complaint [kəm'pleɪnt] 抱怨	complex ['kɒmpleks] 建筑群或街区	computer [kəm'pjuːtə(r)] 电脑
concert ['kɒnsət] 音乐会	conclusion [kən'kluːʒn] 结论	condition [kən'dɪʃn] 状况，条件	conferences ['kɒnfərənsɪz] 会议
confidence ['kɒnfɪdəns] 自信	confirmation [ˌkɒnfə'meɪʃn] 证实，确认	congestion [kən'dʒestʃən] 拥挤	conqueror ['kɒŋkərə(r)] 征服者
conquest ['kɒŋkwest] 征服	conversation [ˌkɒnvə'seɪʃn] 对话	conservation [ˌkɒnsə'veɪʃn] 保留，保护区	construction [kən'strʌkʃn] 建设
consultant [kən'sʌltənt] 咨询者，顾问	consumption [kən'sʌmpʃn] 消费	contact ['kɒntækt] 接触	container [kən'teɪnə(r)] 容器
contaminants [kən'tæmɪnənts] 污染物	contamination [kənˌtæmɪ'neɪʃn] 污染（=pollution）	content ['kɒntent] 内容	continent ['kɒntɪnənt] 洲
contract ['kɒntrækt] 合同，印花税	contracts ['kɒntrækts] 合同；契约	controversy ['kɒntrəvɜːsɪ] 争议	convenience [kən'viːnɪəns] 方便，便利
cooperations [kəʊˌɒpə'reɪʃnz] 合作，协力	cop [kɒp] （男）警察	copy ['kɒpɪ] 复印	corporation [ˌkɔːpə'reɪʃn] 公司
corpse [kɔːps] 尸体	correspondence [ˌkɒrə'spɒndəns] 写信	cost [kɒst] 成本，花费	costume ['kɒstjuːm] 服装
cot [kɒt] 轻便小床	cottage ['kɒtɪdʒ] 农舍，小屋	cough [kɒf] 咳嗽	council ['kaʊnsl] 委员会

country ['kʌntrɪ] 国家，乡村	course [kɔːs] 课程	crack [kræk] 裂缝	craft [krɑːft] 手艺
cream [kriːm] 奶油，药膏	credit ['kredɪt] 信用，信誉	creek [kriːk] 小溪	crime [kraɪm] 犯罪
crisis ['kraɪsɪs] 危机	crocodile ['krɒkədaɪl] 鳄鱼	crop [krɒp] 庄稼	cultivation [ˌkʌltɪ'veɪʃn] 培育
culture ['kʌltʃə(r)] 文化	cup [kʌp] 杯子	cupboard ['kʌbəd] 橱柜	curtain ['kɜːtn] 窗帘
customer ['kʌstəmə(r)] 顾客	cutlery ['kʌtlərɪ] 餐具	cycle ['saɪkl] 循环；自行车	cycling ['saɪklɪŋ] 骑自行车
damage ['dæmɪdʒ] 毁坏	danger ['deɪndʒə(r)] 危险	data ['deɪtə] 数据	date [deɪt] 日期
day [deɪ] 日	deadline ['dedlaɪn] 截止期限	debate [dɪ'beɪt] 辩论	

Test Paper 3

各位同学，请先做听写练习。做完之后核对答案，并填写feedback表格。

Feedback

本次测试题目个数：113

		漏听	生词	对发音不熟悉	连读	拼写错误	大小写错误	单复数错误
第一循环	横向测试							
	纵向测试							
第二循环	横向测试							
	纵向测试							
第三循环	横向测试							
	纵向测试							

语料测试表			
debt [det] 债务	decade ['dekeɪd] 十年	decision [dɪ'sɪʒn] 决定	decline [dɪ'klaɪn] 下降
decorations [ˌdekə'reɪʃnz] 装饰	delay [dɪ'leɪ] 耽搁	delegate ['delɪgət] 代表	delight [dɪ'laɪt] 高兴
delivery [dɪ'lɪvərɪ] 发送，送货	demonstration [ˌdemən'streɪʃn] 示威，演示	dentist ['dentɪst] 牙医	department [dɪ'pɑːtmənt] 系，商店
deposit [dɪ'pɒzɪt] 押金	depth [depθ] 深度	description [dɪ'skrɪpʃn] 描述	desert ['dezət] 沙漠
design [dɪ'zaɪn] 设计	designer [dɪ'zaɪnə(r)] 设计师	desire [dɪ'zaɪə(r)] 欲望	desks [desks] 书桌
destination [ˌdestɪ'neɪʃn] 目的地	detail ['diːteɪl] 细节	diary ['daɪərɪ] 日记	dictation [dɪk'teɪʃn] 听写
diet ['daɪət] 饮食	dining ['daɪnɪŋ] 吃饭	dinner ['dɪnə(r)] 晚餐；正餐	dioxide [daɪ'ɒksaɪd] 二氧化物
direction [də'rekʃn] 方向	director [də'rektə(r)] 主管，主任，董事，导演	disagreement [ˌdɪsə'griːmənt] 不同意	disaster [dɪ'zɑːstə(r)] 灾难片
discipline ['dɪsəplɪn] 纪律，学科	disco ['dɪskəʊ] 迪斯科	discomfort [dɪs'kʌmfət] 不适的地方	discos ['dɪskəʊz] 迪斯科

discount ['dɪskaʊnt] 打折	discovery [dɪ'skʌvərɪ] 发现	disease [dɪ'zi:z] 疾病	dish [dɪʃ] 菜
disposal [dɪ'spəʊzl] 处理	dispute [dɪ'spju:t] 争端	distance ['dɪstəns] 距离	divorce [dɪ'vɔ:s] 离婚
document ['dɒkjʊmənt] 文件	documentary [ˌdɒkjʊ'mentrɪ] 纪录片，文献片	donation [dəʊ'neɪʃn] 捐款	donkey ['dɒŋkɪ] 驴
draft [drɑ:ft] 草稿；汇票	drama ['drɑ:mə] 戏剧	draw [drɔ:] 绘图	drawer [drɔ:(r)] 抽屉
drink [drɪŋk] 饮料	drinking ['drɪŋkɪŋ] 饮水，喝	driver ['draɪvə(r)] 司机	driving ['draɪvɪŋ] 开车
drug [drʌg] 药品	drum [drʌm] 鼓	due [dju:] 应付的	duration [djʊə'reɪʃn] 持续
dust [dʌst] 灰尘	duty ['dju:tɪ] 责任	eagle ['i:gl] 鹰	ear [ɪə(r)] 耳朵
east [i:st] 东部；东	eating ['i:tɪŋ] 吃饭	economy [ɪ'kɒnəmɪ] 经济	editor ['edɪtə(r)] 编辑
education [ˌedʒʊ'keɪʃn] 教育	elbow ['elbəʊ] 肘	elder ['eldə(r)] 长辈	electricity [ɪˌlek'trɪsətɪ] 电
elements ['elɪmənts] 因素	elevator ['elɪveɪtə(r)] 电梯，起重机	emotion [ɪ'məʊʃn] 感情	emperor ['empərə(r)] 皇帝

employee [ɪm'plɔɪiː] 员工	employer [ɪm'plɔɪə(r)] 雇主	encyclopedia [ɪnˌsaɪklə'piːdɪə] 百科全书	ending ['endɪŋ] 结果
energies ['enədʒɪz] 能量	engine ['endʒɪn] 发动机	engineer [ˌendʒɪ'nɪə(r)] 工程师	entrance ['entrəns] 入口
epidemic [ˌepɪ'demɪk] 流行病	equipment [ɪ'kwɪpmənt] 设备	ethic ['eθɪk] 道德	evening ['iːvnɪŋ] 夜晚，晚会
event [ɪ'vent] 事件	evidence ['evɪdəns] 证据	examination [ɪɡˌzæmɪ'neɪʃn] 考试	example [ɪɡ'zɑːmpl] 例子
exception [ɪk'sepʃn] 例外	exchange [ɪks'tʃeɪndʒ] 交换	excitement [ɪk'saɪtmənt] 兴奋	excursion [ɪk'skɜːʃn] 远足
excuse [ɪk'skjuːs] 借口	exercises ['eksəsaɪzɪz] 运动，练习	exhibition [ˌeksɪ'bɪʃn] 展览	existence [ɪɡ'zɪstəns] 存在
existing [ɪɡ'zɪstɪŋ] 存在	expansion [ɪk'spænʃn] 扩充	expense [ɪk'spens] 花费	experiment [ɪk'sperɪmənt] 实验
expert ['ekspɜːt] 专家	explanation [ˌeksplə'neɪʃn] 解释	explosion [ɪk'spləʊʒn] 爆炸	exposition [ˌekspə'zɪʃn] 博览会 （expo）
exposure [ɪk'spəʊʒə(r)] 曝光	extension [ɪk'stenʃn] 分机，延期	facility [fə'sɪlətɪ] 设施	factor ['fæktə(r)] 因素
factory ['fæktrɪ] 工厂			

Test Paper 4

各位同学，请先做听写练习。做完之后核对答案，并填写feedback表格。

Feedback

本次测试题目个数：112

		漏听	生词	对发音不熟悉	连读	拼写错误	大小写错误	单复数错误
第一循环	横向测试							
	纵向测试							
第二循环	横向测试							
	纵向测试							
第三循环	横向测试							
	纵向测试							

语料测试表			
faculty ['fækltɪ] 系	failure ['feɪljə(r)] 失败	falcon ['fɔːlkən] 隼（猎鹰的一种）	fan [fæn] 迷，粉丝，扇子
fare [feə(r)] 车船费用	farm [fɑːm] 农场	farmer ['fɑːmə(r)] 农民	farming ['fɑːmɪŋ] 农业
fashion ['fæʃn] 时尚	fat [fæt] 脂肪	feast [fiːst] 盛宴	feather ['feðə(r)] 羽毛
feature ['fiːtʃə(r)] 特点	feedback ['fiːdbæk] 反馈；返回	fellowship ['feləʊʃɪp] 奖学金；伙伴关系	female ['fiːmeɪl] 女性
ferries ['ferɪz] 摆渡；渡轮	festival ['festɪvl] 节日	field [fiːld] 领域	figure ['fɪgə(r)] 数字
film [fɪlm] 胶卷，电影	finding ['faɪndɪŋ] 发现	finger ['fɪŋgə(r)] 手指	firms [fɜːmz] 商号；公司
fish [fɪʃ] 鱼	fishing ['fɪʃɪŋ] 钓鱼	flag [flæg] 旗	flash [flæʃ] 闪
flat [flæt] （英式）公寓	flight [flaɪt] 航班	flood [flʌd] 洪水	flooding [flʌdɪŋ] 洪水
flour ['flaʊə(r)] 面粉	flourish ['flʌrɪʃ] 繁荣	flow [fləʊ] 流量	flu [fluː] 流感

fly [flaɪ] 飞行	forest ['fɒrɪst] 森林	forestry ['fɒrɪstrɪ] 林学，森林学	form [fɔːm] 表格
formula ['fɔːmjələ] 公式	fortnight ['fɔːtnaɪt] 两周，十四天	fortune ['fɔːtʃuːn] 财产；运气	foyer ['fɔɪeɪ] 门厅
freedom ['friːdəm] 自由	freezer ['friːzə(r)] 冷冻室	freshman ['freʃmən] 大一学生	fruit [fruːt] 水果
fur [fɜː(r)] 皮毛	furniture ['fɜːnɪtʃə(r)] 家具	future ['fjuːtʃə(r)] 未来	gallery ['gælərɪ] 艺术馆
gap [gæp] 缝隙	garage ['gærɑːʒ] 车库	garbage ['gɑːbɪdʒ] 废物	garden ['gɑːdn] 花园
gasoline ['gæsəliːn] 石油（美）	gender ['dʒendə(r)] 性别	germ [dʒɜːm] 细菌	gesture ['dʒestʃə(r)] 手势
glass [glɑːs] 玻璃，眼镜	goal [gəʊl] 目标	gold [gəʊld] 金子	golf [gɒlf] 高尔夫
grade [greɪd] 年级，成绩	grades [greɪdz] 年级，成绩	graduate ['grædʒʊət] 毕业生	graduates ['grædʒʊəts] 毕业生
grain [greɪn] 谷物	grass [grɑːs] 草	green [griːn] 绿色	ground [graʊnd] 场地，地面
group [gruːp] 群体，团队，小组	growth [grəʊθ] 成长	guest [gest] 客人	guide [gaɪd] 导游，指导

gulf [gʌlf] 海湾，鸿沟	guy [gaɪ] 家伙	gym [dʒɪm] 体育馆	habit ['hæbɪt] 习惯
hand [hænd] 手，指针	handball ['hændbɔːl] 手球	handbooks ['hændbʊks] 手册	handling ['hændlɪŋ] 处理
handout ['hændaʊt] 讲义	hat [hæt] 帽子	headache ['hedeɪk] 头痛	heading ['hedɪŋ] 标题
health [helθ] 健康	hearing ['hɪərɪŋ] 听觉	heart [hɑːt] 心脏	heating ['hiːtɪŋ] 供热，供暖
hen [hen] 母鸡	herb [hɜːb] 草药	hero ['hɪərəʊ] 英雄	heroes ['hɪərəʊz] 英雄
heroine ['herəʊɪn] 女主人公	hike [haɪk] 远足	hiking ['haɪkɪŋ] 徒步旅行；远足	hint [hɪnt] 暗示
hints [hɪnts] 暗示	historian [hɪ'stɔːrɪən] 历史学家	hit [hɪt] 引人注意的东西，技巧	hits [hɪts] 引人注意的东西，技巧
hobby ['hɒbɪ] 爱好	holiday ['hɒlədeɪ] 假期	horse [hɔːs] 马	hospital ['hɒspɪtl] 医院
housework ['haʊswɜːk] 家务	housing ['haʊzɪŋ] 住房	households ['haʊshəʊldz] 一家人；家庭	hour ['aʊə(r)] 小时

Test Paper 5

各位同学，请先做听写练习。做完之后核对答案，并填写feedback表格。

Feedback

本次测试题目个数：145

		漏听	生词	对发音不熟悉	连读	拼写错误	大小写错误	单复数错误
第一循环	横向测试							
	纵向测试							
第二循环	横向测试							
	纵向测试							
第三循环	横向测试							
	纵向测试							

语料测试表			
hotel [həʊ'tel] 酒店	hotline ['hɒtlaɪn] 热线	hunt [hʌnt] 打猎	hunting ['hʌntɪŋ] 打猎
idea [aɪ'dɪə] 主意	identification [aɪˌdentɪfɪ'keɪʃn] 识别，身份	identity [aɪ'dentətɪ] 身份	image ['ɪmɪdʒ] 形象
impact ['ɪmpækt] 影响	imports ['ɪmpɔːts] 进口	inability [ˌɪnə'bɪlətɪ] 没能力	incoming ['ɪnkʌmɪŋ] 打入的（电话）
index ['ɪndeks] 索引	industry ['ɪndəstrɪ] 工业，产业	infection [ɪn'fekʃn] 发炎	influence ['ɪnfluəns] 影响
information [ˌɪnfə'meɪʃn] 信息	injection [ɪn'dʒekʃn] 注射	injury ['ɪndʒərɪ] 受伤	inland ['ɪnlənd] 内陆
insect ['ɪnsekt] 昆虫	insomnia [ɪn'sɒmnɪə] 失眠	institute ['ɪnstɪtjuːt] 机构	institution [ˌɪnstɪ'tjuːʃn] 机构
instruction [ɪn'strʌkʃn] 指示	instructor [ɪn'strʌktə(r)] 教练	instrument ['ɪnstrʊmənt] 仪器，乐器	interest ['ɪntrəst] 兴趣
Internet ['ɪntənet] 互联网	interviewer ['ɪntəvjuːə(r)] 面试官，考官	introduction [ˌɪntrə'dʌkʃn] 简介	investigator [ɪn'vestɪgeɪtə(r)] 调查人
investment [ɪn'vestmənt] 投资	irrigation [ˌɪrɪ'geɪʃn] 灌溉	island ['aɪlənd] 岛屿	isolation [ˌaɪsə'leɪʃn] 隔离

item ['aɪtəm] 项目，货品，东西	jacket ['dʒækɪt] 夹克	jam [dʒæm] 堵塞	jaw [dʒɔː] 颚，颌，下巴
jeans [dʒiːnz] 牛仔服	journal ['dʒɜːnl] 学术期刊	judge [dʒʌdʒ] 评委	juice [dʒuːs] （果）汁
junction ['dʒʌŋkʃn] 交汇处，交叉路口	junior ['dʒuːnɪə(r)] 大三学生	keeper ['kiːpə(r)] 养育者	kelp [kelp] 海藻
keyword ['kiːwɜːd] 关键词	kid [kɪd] 儿童	king [kɪŋ] 国王	kiosk ['kiːɒsk] 小卖部
kit [kɪt] 工具箱	kitchen ['kɪtʃɪn] 厨房	kits [kɪts] 工具箱	knife [naɪf] 刀
knowledge ['nɒlɪdʒ] 知识	koala [kəʊ'ɑːlə] 考拉	lab [læb] 实验室	lake [leɪk] 湖
lamp [læmp] 灯	land [lænd] 土地	landmark ['lændmɑːk] 标志性的建筑；路标	landscape ['lændskeɪp] 风景
language ['læŋgwɪdʒ] 语言	laptop ['læptɒp] 笔记本电脑	laser ['leɪzə(r)] 激光	lava ['lɑːvə] 火山岩
lawyer ['lɔːjə(r)] 律师	layer ['leɪə(r)] 层	lecture ['lektʃə(r)] 授课	lecturer ['lektʃərə(r)] 授课教师

leisure ['leʒə(r)] 休闲	lemon ['lemən] 柠檬	lender ['lendə(r)] 借财物给别人的人	length [leŋθ] 长度
lesson ['lesn] 课程	letter ['letə(r)] 字母；信件	level ['levl] 水平，程度	library ['laɪbrərɪ] 图书馆
lift [lɪft] 电梯	light [laɪt] 灯	line [laɪn] 队	lion ['laɪən] 狮子
lists [lɪsts] 列表，清单	loan [ləʊn] 贷款	location [ləʊ'keɪʃn] 地理位置	lock [lɒk] 锁
loss [lɒs] 损失	lounge [laʊndʒ] 休息大厅	loyalty ['lɔɪəltɪ] 忠诚	luck [lʌk] 运气
lunch [lʌntʃ] 午餐	lung [lʌŋ] 肺	machine [mə'ʃiːn] 机器	magazine [ˌmægə'ziːn] 杂志
maid [meɪd] 女仆	mail [meɪl] 邮件	majority [mə'dʒɒrətɪ] 多数	making ['meɪkɪŋ] 制造
male [meɪl] 男性，雄性	manager ['mænɪdʒə(r)] 经理	mane [meɪn] （狮子等）鬃毛	manufacture [ˌmænjʊ'fæktʃə(r)] 生产
map [mæp] 地图	margin ['mɑːdʒɪn] 页边的空白	mark [mɑːk] 分数	market ['mɑːkɪt] 市场
marketing ['mɑːkɪtɪŋ] 市场营销	marsh [mɑːʃ] 沼泽	master ['mɑːstə(r)] 硕士	mat [mæt] 脚垫

matching ['mætʃɪŋ] 搭配	material [mə'tɪərɪəl] 材料	maturity [mə'tʃʊərətɪ] 成熟	maximum ['mæksɪməm] 最大
meal [miːl] 膳食	measure ['meʒə(r)] 测量	measurement ['meʒəmənt] 测量	meat [miːt] 肉类
media ['miːdɪə] 媒体	medication [ˌmedɪ'keɪʃn] 药物	medicine ['medsn] 药物	medium ['miːdɪəm] 中度；媒体
method ['meθəd] 方法	microphone ['maɪkrəfəʊn] 麦克风	migration [maɪ'greɪʃn] 迁徙，移民	mile [maɪl] 英里
mileage ['maɪlɪdʒ] 里程表	milk [mɪlk] 牛奶	mine [maɪn] 矿	mineral ['mɪnərəl] 矿物
mill [mɪl] 作坊	minimum ['mɪnɪməm] 最小	minute ['mɪnɪt] 分钟	mixture ['mɪkstʃə(r)] 合剂；混合物
model ['mɒdl] 模型	money ['mʌnɪ] 钱	monopoly [mə'nɒpəlɪ] 垄断	month [mʌnθ] 月
mood [muːd] 情绪	morality [mə'rælətɪ] 道德；士气	mosquito [mə'skiːtəʊ] 蚊子	motel [məʊ'tel] 汽车旅馆
mountain ['maʊntən] 山脉			

Test Paper 6

各位同学，请先做听写练习。做完之后核对答案，并填写feedback表格。

Feedback

本次测试题目个数：113

		漏听	生词	对发音不熟悉	连读	拼写错误	大小写错误	单复数错误
第一循环	横向测试							
	纵向测试							
第二循环	横向测试							
	纵向测试							
第三循环	横向测试							
	纵向测试							

语料测试表			
moustache [mə'stɑːʃ] 上唇上的小胡子	mouth [maʊθ] 嘴巴	movie ['muːvɪ] 电影	muscle ['mʌsl] 肌肉
museum [mjʊ'ziːəm] 博物馆	music ['mjuːzɪk] 音乐	musical ['mjuːzɪkl] 音乐剧	musician [mjʊ'zɪʃn] 音乐家
nap [næp] 小睡	nature ['neɪtʃə(r)] 自然	naught=nought ['nɔːt] 零	neck [nek] 脖子，颈部
net [net] 网	newspaper ['njuːzpeɪpə(r)] 报纸	night [naɪt] 夜晚	noise [nɔɪz] 噪声
north [nɔːθ] 北	northeast [nɔːθ'iːst] 东北	northwest [nɔːθ'west] 西北	nose [nəʊz] 鼻子
note [nəʊt] 笔记	notice ['nəʊtɪs] 注意	nurse [nɜːs] 护士	nursery ['nɜːsərɪ] 幼儿园
nursing ['nɜːsɪŋ] 护理	nut [nʌt] 坚果	nutrition [njʊ'trɪʃn] 营养	objective [əb'dʒektɪv] 目的，目标
occasion [ə'keɪʒn] 场合；时机	occupant ['ɒkjəpənt] 占有人；居住者	ocean ['əʊʃn] 海洋	oculist ['ɒkjəlɪst] 眼科医生
ointment ['ɔɪntmənt] 药膏	option ['ɒpʃn] 选择	order ['ɔːdə(r)] 命令	ordinary ['ɔːdnrɪ] 普通的

organizer ['ɔːgənaɪzə(r)] 组织者	original [ə'rɪdʒənl] 最初的	outline ['aʊtlaɪn] 提纲	overdraft ['əʊvədrɑːft] 透支
owner ['əʊnə(r)] 所有者	ownership ['əʊnəʃɪp] 所有权	Oxford ['ɒksfəd] 牛津	package ['pækɪdʒ] 包装
page [peɪdʒ] 页码	paint [peɪnt] 油漆	painting ['peɪntɪŋ] 绘画	pair [peə(r)] 一副，一对
pal [pæl] 伙伴	palace ['pæləs] 宫殿	panic ['pænɪk] 恐惧	paper ['peɪpə(r)] 报纸，论文
parcel ['pɑːsl] 包裹	parent ['peərənt] 父母	park [pɑːk] *n.* 公园 *v.* 停车	parking ['pɑːkɪŋ] 停车
participant [pɑː'tɪsɪpənt] 参加者	passages ['pæsɪdʒɪz] 通行；通过	passenger ['pæsɪndʒə(r)] 旅客	pastime ['pɑːstaɪm] 娱乐
patient ['peɪʃnt] 病人	payment ['peɪmənt] 报酬；付款	pedestrian [pə'destrɪən] 行人	pension ['penʃn] 养老金
pensioners ['penʃənə(r)z] 领退休金的人	percent [pə'sent] 百分比	performer [pə'fɔːmə(r)] 表演者	perfume ['pɜːfjuːm] 香水
period ['pɪərɪəd] 阶段	periodical [ˌpɪərɪ'ɒdɪkl] 期刊	perk [pɜːk] 额外收入，公司优惠	permit ['pɜːmɪt] 许可证
person ['pɜːsn] 人	personality [ˌpɜːsə'nælətɪ] 个性	pet [pet] 宠物	petrol ['petrə] 汽油

petroleum [pə'trəʊlɪəm] 石油	philosopher [fə'lɒsəfə(r)] 哲学家	photo ['fəʊtəʊ] 照片	photograph ['fəʊtəgrɑːf] 照片
physician [fɪ'zɪʃn] 内科医生	physics ['fɪzɪks] 物理学	pianist ['pɪənɪst] 钢琴家	piano [pɪ'ænəʊ] 钢琴
picnic ['pɪknɪk] 野餐	picture ['pɪktʃə(r)] 图	pie [paɪ] 饼	pill [pɪl] 药丸
pink [pɪŋk] 粉色	place [pleɪs] 地方，场所；位置	placement ['pleɪsmənt] 放置	plan [plæn] 计划
planners ['plænə(r)z] 计划者	plans [plænz] 计划	plant [plɑːnt] *n.* 植物 *v.* 种植	planting ['plɑːntɪŋ] 种植
plastic ['plæstɪk] 塑料	plate [pleɪt] 盘子，图版	player ['pleɪə(r)] 选手	playground ['pleɪgraʊnd] 操场
pleasure ['pleʒə(r)] 乐趣	pocket ['pɒkɪt] 口袋	point [pɔɪnt] 要点，分数	police [pə'liːs] 警察
poll [pəʊl] （民意）调查	pollutant [pə'luːtənt] 污染物；污染源	pollute [pə'luːt] 污染；玷污	pollution [pə'luːʃn] 污染
port [pɔːt] 港口	position [pə'zɪʃn] 位置，职位	post [pəʊst] 职位；邮寄	postgraduate [ˌpəʊst'grædʒʊət] 研究生
particulars [pə'tɪkjələ(r)z] 详细情况；特色			

Test Paper 7

各位同学，请先做听写练习。做完之后核对答案，并填写feedback表格。

Feedback

本次测试题目个数：104

		漏听	生词	对发音不熟悉	连读	拼写错误	大小写错误	单复数错误
第一循环	横向测试							
	纵向测试							
第二循环	横向测试							
	纵向测试							
第三循环	横向测试							
	纵向测试							

语料测试表			
potteries ['pɒtərɪz] 陶器	power ['paʊə(r)] 权力；能源	powerpoint ['paʊə(r)pɔɪnt] 投影的文件	precaution [prɪ'kɔːʃn] 预防
precision [prɪ'sɪʒn] 精密度	preference ['prefrəns] 偏爱	preposition [ˌprepə'zɪʃn] 介词	prescription [prɪ'skrɪpʃn] 药方
presentation [ˌprezn'teɪʃn] 演讲；陈述	preservation [ˌprezə'veɪʃn] 保存	president ['prezɪdənt] 总统，校长（大学，美语），总裁	prevention [prɪ'venʃn] 预防
printing ['prɪntɪŋ] 打印	priority [praɪ'ɒrətɪ] 优先	privacy ['prɪvəsɪ] 隐私	prize [praɪz] 奖金
problem ['prɒbləm] 问题	product ['prɒdʌkt] 产品	production [prə'dʌkʃn] 生产	professors [prə'fesə(r)z] 教授
profit ['prɒfɪt] 利润	project ['prɒdʒekt] 工程，研究课题，项目	promotion [prə'məʊʃn] 升职	prone [prəʊn] 容易，倾向于
property ['prɒpətɪ] 财产	prospectus [prə'spektəz] 招生简章，内容简介	protein ['prəʊtiːn] 蛋白质	psychiatrist [saɪ'kaɪətrɪst] 精神病学家
psychologist [saɪ'kɒlədʒɪst] 心理学家	psychotherapy [ˌsaɪkəʊ'θerəpɪ] 精神疗法，心理疗法	publication [ˌpʌblɪ'keɪʃn] 出版物	pump [pʌmp] 泵

purpose ['pɜːpəs] 目的	purse [pɜːs] 钱包	quality ['kwɒlətɪ] 质量	quantity ['kwɒntətɪ] 数量
quarter ['kwɔːtə(r)] 四分之一	question ['kwestʃən] 问题	radar ['reɪdɑː(r)] 雷达	radiator ['reɪdɪeɪtə(r)] 冷却器，电暖炉
radio ['reɪdɪəʊ] 收音机	railway ['reɪlweɪ] 铁路	rain [reɪn] 雨，下雨	rainfall ['reɪnfɔːl] 降水
range [reɪndʒ] 范围	rank [ræŋk] 等级	rat [ræt] 老鼠	rate [reɪt] 比例；比率
rats [ræts] 老鼠	ray [reɪ] 光线	reader ['riːdə(r)] 读者	reading ['riːdɪŋ] 阅读
reason ['riːzn] 理由	reception [rɪ'sepʃn] 招待会，接待处	recipe ['resəpɪ] 处方	recorder [rɪ'kɔːdə(r)] 录音机
recording [rɪ'kɔːdɪŋ] 录音	recreation [ˌrekrɪ'eɪʃn] 消遣；娱乐	recruit [rɪ'kruːt] 招聘	recycling [ˌriː'saɪklɪŋ] 回收
referee [ˌrefə'riː] 裁判员	reference ['refrəns] 参考书目，证明人	reflectance [rɪ'flektəns] 反射系数	reform [rɪ'fɔːm] 改革
refuge ['refjuːdʒ] 避难所	region ['riːdʒən] 地区	regulation [ˌregjʊ'leɪʃn] 规章制度	relation [rɪ'leɪʃn] 关系
relationship [rɪ'leɪʃnʃɪp] 关系	relaxation [ˌriːlæk'seɪʃn] 放松	relief [rɪ'liːf] 减轻（痛苦）	religion [rɪ'lɪdʒən] 宗教

remark [rɪ'mɑːk] 评价	removal [rɪ'muːvl] 去掉	renewal [rɪ'njuːəl] 更新，续借	rent [rent] 房租
rental ['rentl] 租	repetition [ˌrepə'tɪʃn] 重复	replacement [rɪ'pleɪsmənt] 替代	report [rɪ'pɔːt] 报告
reproduce [ˌriːprə'djuːs] 再生产	research [rɪ'sɜːtʃ] 研究，科研	reservation [ˌrezə'veɪʃn] 保留，预订	reserve [rɪ'zɜːv] *n.* 保留；预借 *v.* 预订
residence ['rezɪdəns] 居住	resident ['rezɪdənt] 居民	resource [rɪ'sɔːs] 资源	respondent [rɪ'spɒndənt] 受采访者，调查对象
response [rɪ'spɒns] 回答	restaurant ['restrɒnt] 餐厅	result [rɪ'zʌlt] 结果	retirement [rɪ'taɪəmənt] 退休
return [rɪ'tɜːn] *n.* 往返 *vt.* 回	review [rɪ'vjuː] *n.* 评论 *vt.* 复习	revision [rɪ'vɪʒn] 修改	rice [raɪs] 大米
rider ['raɪdə(r)] 骑手	riders ['raɪdə(r)z] 骑手（复数）	risk [rɪsk] 冒险	river ['rɪvə(r)] 河
robot ['rəʊbɒt] 机器人	rock [rɒk] 岩石	rocket ['rɒkɪt] 火箭	role [rəʊl] 角色

Test Paper 8

各位同学，请先做听写练习。做完之后核对答案，并填写feedback表格。

Feedback

本次测试题目个数：152

		漏听	生词	对发音不熟悉	连读	拼写错误	大小写错误	单复数错误
第一循环	横向测试							
	纵向测试							
第二循环	横向测试							
	纵向测试							
第三循环	横向测试							
	纵向测试							

语料测试表			
roommates [ruːm'meɪts] 室友	route [ruːt] 路线	rule [ruːl] 规则	safari [sə'fɑːrɪ] 野生动物园
safety ['seɪftɪ] 安全	sail [seɪl] 帆；乘船旅行	sailing ['seɪlɪŋ] 航行	salad ['sæləd] 沙拉
salads ['sælədz] 沙拉	salary ['sælərɪ] 薪水	sale [seɪl] 销售	salt [sɔːlt] 盐
sample ['sɑːmpl] 样本	sandal ['sændl] 凉鞋	satellite ['sætəlaɪt] 卫星	sauce [sɔːs] 酱油
saving ['seɪvɪŋ] 存钱	scale [skeɪl] 天平	scandal ['skændl] 丑闻	scandals ['skændlz] 丑闻（复数）
scar [skɑː(r)] 伤疤	scent [sent] 气味	schedule ['ʃedjuːl] 时间表	scheme [skiːm] 方案
scholar ['skɒlə(r)] 学者	scholarship ['skɒləʃɪp] 奖学金	science ['saɪəns] 科学，理科	scientist ['saɪəntɪst] 科学家
score [skɔː(r)] 分数	script [skrɪpt] 手稿	sculpture ['skʌlptʃə(r)] 雕刻	sea [siː] 大海，海洋
season ['siːzn] *n.* 季节	seat [siːt] 座位	second ['sekənd] 秒	secretary ['sekrətrɪ] 秘书

section ['sekʃn] 部分	sector ['sektə(r)] 部分	selection [sɪ'lekʃn] 选择	selections [sɪ'lekʃnz] 选择（复数）
seminar ['semɪnɑː(r)] 学术研讨会	sense [sens] 感觉	sentence ['sentəns] 句子	servant ['sɜːvənt] 佣人，仆人
service ['sɜːvɪs] 服务	sewage ['suːɪdʒ] 污水	sewer ['suːə(r)] 下水道	sex [seks] 性别
shade [ʃeɪd] 阴影	sheep [ʃiːp] 羊	sheet [ʃiːt] 床单	shelf [ʃelf] 架子
shell [ʃel] 贝壳	shelter ['ʃeltə(r)] 遮蔽处	ship [ʃɪp] 船	shoe [ʃuː] 鞋
shoplifters ['ʃɒplɪftə(r)z] 商店扒手	shopper ['ʃɒpə(r)] 购物者	shortage ['ʃɔːtɪdʒ] 不足，缺点	shower ['ʃaʊə(r)] 淋浴
side [saɪd] 面，边	sight [saɪt] 视界，视野	sign [saɪn] 标记	signature ['sɪgnətʃə(r)] 签名
silence ['saɪləns] 安静	simulation [ˌsɪmjʊ'leɪʃn] 模拟	single ['sɪŋgl] 单程，单的	site [saɪt] 位置，地点
size [saɪz] 大小	skating ['skeɪtɪŋ] 滑冰	skeleton ['skelɪtn] 骨架	skill [skɪl] 技能
skin [skɪn] 皮肤	skirt [skɜːt] 短裙	slang [slæŋ] 俚语	slave [sleɪv] 奴隶

sleep [sliːp] 睡觉	sleeping ['sliːpɪŋ] 睡眠	slip [slɪp] 一张纸	smell [smel] 气味，臭味
smoke [sməʊk] *n.* 烟 *v.* 吸烟	smoking ['sməʊkɪŋ] 吸烟	snack [snæk] 快餐，零食	soil [sɔɪl] 土壤
solution [sə'luːʃn] 解决，解决方案	sound [saʊnd] 声音	source [sɔːs] 来源	south [saʊθ] 南
southeast [saʊθ'iːst] 东南	southwest [saʊθ'west] 西南	space [speɪs] 空间	speaker ['spiːkə(r)] 演讲者，扬声器
speaking ['spiːkɪŋ] 口语	speed [spiːd] 速度	spending ['spendɪŋ] 花费	spider ['spaɪdə(r)] 蜘蛛
sponsor ['spɒnsə(r)] 赞助者	spoons [spuːnz] 匙；汤匙	sportsman ['spɔːtsmən] 男运动员	spot [spɒt] 地点
stability [stə'bɪlətɪ] 稳定	stack [stæk] 书库	stage [steɪdʒ] 舞台，阶段	stair [steə(r)] 楼梯
standard ['stændəd] 标准	star [stɑː(r)] 恒星	starter ['stɑːtə(r)] 开胃品	starting ['stɑːtɪŋ] 开始
state [steɪt] 州	statement ['steɪtmənt] 陈述	station ['steɪʃn] 车站	status ['steɪtəs] 地位
steak [steɪk] 牛排	steam [stiːm] 蒸汽	step [step] 步骤，台阶	sting [stɪŋ] 刺

stock [stɒk] 存货，股票	stomach ['stʌmək] 胃，腹部	stomachache ['stʌməkeɪk] 胃痛	stone [stəʊn] 石头
store [stɔː(r)] 商场	story ['stɔːrɪ] 故事	strategy ['strætədʒɪ] 策略	strength [streŋθ] 力量
strike [straɪk] 罢工	style [staɪl] 风格	subject ['sʌbdʒɪkt] 主题，学科	submit [səb'mɪt] 上交，提供
subsidy ['sʌbsədɪ] 津贴	suburb ['sʌbɜːb] 郊区	sugar ['ʃʊgə(r)] 糖	suit [sjʊt] 西装
sunshield [sʌn'ʃiːld] 遮阳板	supervisor ['suːpəvaɪzə(r)] 导师	supports [sə'pɔːts] 支撑；支柱	surface ['sɜːfɪs] 表面
surgeon ['sɜːdʒən] 外科医生	surname ['sɜːneɪm] 姓	surprise [sə'praɪz] 惊奇	survey ['sɜːveɪ] 测量，调查
survival [sə'vaɪvl] 生存	sweater ['swetə(r)] 毛衣	switch [swɪtʃ] 开关	switches [swɪtʃɪz] 开关（复数）
symptom ['sɪmptəm] 症状	syndicate ['sɪndɪkət] 财团	syrup ['sɪrəp] 糖浆	system ['sɪstəm] 系统，体系
table ['teɪbl] 桌子，图表	tablet ['tæblət] 药片	tape [teɪp] 磁带	tax [tæks] 税收

Test Paper 9

各位同学，请先做听写练习。做完之后核对答案，并填写feedback表格。

Feedback

本次测试题目个数：142

		漏听	生词	对发音不熟悉	连读	拼写错误	大小写错误	单复数错误
第一循环	横向测试							
	纵向测试							
第二循环	横向测试							
	纵向测试							
第三循环	横向测试							
	纵向测试							

语料测试表			
taxi ['tæksɪ] 出租车	tea [tiː] 茶	teacher ['tiːtʃə(r)] 教师	teaching ['tiːtʃɪŋ] 教学
team [tiːm] 队伍，小组	jargon ['dʒɑːgən] 行话；黑话	term [tɜːm] 学期，术语	technology [tek'nɒlədʒɪ] 科技
teeth [tiːθ] 牙齿	telephone ['telɪfəʊn] 电话	telescope ['telɪskəʊp] 望远镜	television ['telɪvɪʒn] 电视
temper ['tempə(r)] 脾气	temple ['templ] 寺庙	text [tekst] 文章	texture ['tekstʃə(r)] 质地
galaxy ['gæləksɪ] 银河	theft [θeft] 盗窃	theory ['θɪərɪ] 理论	therapist ['θerəpɪst] 理疗专家
therapy ['θerəpɪ] 理疗，疗法	thesis ['θiːsɪs] 主题，学位论文	thief [θiːf] 小偷	thieves [θiːvz] 小偷
thinking ['θɪŋkɪŋ] 思考	third [θɜːd] 第三	thought [θɔːt] 想法	threat [θret] 威胁
thriller ['θrɪlə(r)] 惊悚片	ticket ['tɪkɪt] 票	tide [taɪd] 潮水	tides [taɪdz] 潮水
tile [taɪl] 瓦	timber ['tɪmbə(r)] 木材	time [taɪm] 时间	title ['taɪtl] 标题，题目

toaster ['təʊstə(r)] 烤面包机	toilet ['tɔɪlət] 卫生间	tomato [tə'mɑːtəʊ] 西红柿	tone [təʊn] 某种语言的音调
tool [tuːl] 工具	top [tɒp] 顶尖	topic ['tɒpɪk] 话题	total ['təʊtl] 总数
touching ['tʌtʃɪŋ] 接触	tour [tʊə(r)] 旅游	touring ['tʊə(r)ɪŋ] 旅游	tourism ['tʊərɪzəm] 旅游业
tourist ['tʊərɪst] 游客	towel ['taʊəl] 毛巾	tower ['taʊə(r)] 塔	town [taʊn] 小镇
track [træk] 轨迹	tractor ['træktə(r)] 拖拉机	trade [treɪd] 贸易	tram [træm] 有轨电车
tragedy ['trædʒədɪ] 悲剧片	trailer ['treɪlə(r)] 预告片	training ['treɪnɪŋ] 培训	trend [trend] 趋势
travel ['trævl] 旅游	traveler ['trævələ(r)] 游客（双写l也可）	treatment ['triːtmənt] 治疗	trip [trɪp] 旅行
tribe [traɪb] 部落	tribute ['trɪbjuːt] 贡品	tributes ['trɪbjuːts] 贡品（复数）	Trinity ['trɪnətɪ] 三一学院
trolley ['trɒlɪ] 电车	trouble ['trʌbl] 麻烦	tube [tjuːb] 管子；地铁	tunnels ['tʌnls] 隧道，地道
tuition [tju'ɪʃn] 学费	tune [tjuːn] 曲调	tunes [tjuːnz] 曲调（复数）	tutor ['tjuːtə(r)] 辅导教师，辅导员，导师

type [taɪp] 类型，种类	umpire ['ʌmpaɪə(r)] 裁判员	understanding [ˌʌndə'stændɪŋ] 理解	utensil [juː'tensl] 器具
uniform ['juːnɪfɔːm] 制服	union ['juːnɪən] 工会	university [ˌjuːnɪ'vɜːsətɪ] 大学	usage ['juːsɪdʒ] 使用
vacancy ['veɪkənsɪ] 空缺	vacation [və'keɪʃn] 假期	value ['væljuː] 价值	particulars [pə'tɪkjələ(r)z] 详细情况；特色
variety [və'raɪətɪ] 种类	vegetable ['vedʒɪtəbl] 蔬菜	velvet ['velvɪt] 天鹅绒	vet [vet] 兽医
video ['vɪdɪəʊ] 录像	view ['vjuː] 风景，视线，观点	village ['vɪlɪdʒ] 山村，村庄	vinegar ['vɪnɪgə(r)] 醋
visa ['viːzə] 签证	visitor ['vɪzɪtə(r)] 访问者	vitamin ['vɪtəmɪn] 维生素	vocation [vəʊ'keɪʃn] 行业，职业
volunteer [ˌvɒlən'tɪə(r)] 志愿者	volunteers [ˌvɒlən'tɪə(r)z] 志愿者	waist [weɪst] 腰围	waiter ['weɪtə(r)] 服务生，男服务生
walk [wɔːk] 步行	walking ['wɔːkɪŋ] 步行	wall [wɔː] 墙	world [wɜːld] 世界
warming ['wɔːmɪŋ] 变暖	washing ['wɒʃɪŋ] 洗	wasp [wɒsp] 黄蜂	waste [weɪst] 浪费
wasteland ['weɪstlænd] 荒地	water ['wɔːtə(r)] 水	wave [weɪv] 波浪	wax [wæks] 蜡

wealth [welθ] 财富	weapon ['wepən] 武器	weather ['weðə(r)] 天气	weeds [wiːdz] 杂草，野草
week [wiːk] 星期	weekday ['wiːkdeɪ] 平日（非星期六、星期日）	weekend [ˌwiːk'end] 周末	weight [weɪt] 重量
welfare ['welfeə(r)] 福利	west [west] 西部，西	wetland ['wetlənd] 沼泽地，湿地	whale [weɪl] 鲸鱼
wheel [wiːl] 方向盘，车轮	width [wɪdθ] 宽度	willows ['wɪləʊz] 柳，柳木	wind [wɪnd] 风
wing [wɪŋ] 翅膀，翼；配楼，厢房	word [wɜːd] 单词	workforce ['wɜːkfɔːs] 劳动力	working ['wɜːkɪŋ] 工作
wound [wuːnd] 伤，创伤	writing ['raɪtɪŋ] 写作	year [jɪə(r)] 年	yoga ['jəʊgə] 瑜伽
youth [juːθ] 年轻人，青年	zero ['zɪərəʊ] 零		

Chapter 4

雅思听力
形容词
副词
语料库

IELTS

本部分主要训练雅思听力测试中少量的形容词和副词。这部分语料被称为“雅思听力形容词副词语料库”。要掌握好这些语料，分为4步：

第1步，横向测试训练：先做测试，然后对照答案评估测试结果。这部分由英音正常速度朗读。重点解决考生“不熟悉”和“记录慢”这两种常见问题。

第2步，纵向测试训练：在第1步的基础上利用原来的测试材料重新测试，只是语音有所改变。特殊语料由带有一定口音的Voice Actors朗读。朗读速度较快。重点训练考生熟悉语音和快速反应。

第3步，魔鬼跟读：在雅思听力中，Hallie提倡“魔鬼跟读法”。考生要充分适应自己不熟悉的语音和不熟悉的表述方式。而在口语中，Hallie提倡“自然跟读法”，就是要使自己的口语尽量字正腔圆，不会让考官产生歧义（详见本系列图书中的“口语语料库”）。

第4步，超越语料：语料来自于我们的实际应用，属于每一位考生，属于每一位为理想而奋斗的人。听力语料对雅思口语也有很好的借鉴作用，因此，需要考生认真掌握。

考生不要先看答案，而是要先进行听音训练。在听音训练之后，再对照答案寻找差距。

4.1 语料训练方法（2）

形容词、副词

考生在做题之前，先要利用听指南的时间对答案的内容进行预判，然后有针对性地辨别录音中的信息。

熟悉词性，对于考生捕捉正确答案有很大帮助。

横向测试

这是Hallie独创的听力训练方法。在语料测试表里，横向语料往往在形态、语义、语音等很多方面有相似之处。考生可以方便记忆，同时可以辨别语料间的差异。横向测试中，语料的朗读主要以英音为主。

纵向测试

这也是Hallie独创的听力训练方法。在语料测试表里，纵向语料在形态、语义、语音等很多方面存在较大差异。考生可以在“无提示”状态下通过语音单独测试自己对语料的掌握水平。纵向测试中，语料的朗读以澳音和印度音为主。

4.2 Adjective 形容词

Test Paper 1

各位同学，请先做听写练习。做完之后核对答案，并填写feedback表格。

Feedback

本次测试题目个数：104

		漏听	生词	对发音不熟悉	连读	拼写错误	大小写错误	单复数错误
第一循环	横向测试							
	纵向测试							
第二循环	横向测试							
	纵向测试							
第三循环	横向测试							
	纵向测试							

语料测试表			
abnormal [æb'nɔːml] 不正常的	academic [ˌækə'demɪk] 学术的	accessible [ək'sesəbl] 可接近的	accountable [ə'kaʊntəbl] 负有责任的
accurate ['ækjərət] 正确无误的	additional [ə'dɪʃənl] 额外的	adequate ['ædɪkwət] 充足的；令人满意的	advanced [əd'vɑːnst] 高级的，先进的
advisable [əd'vaɪzəbl] 明智的	allergic [ə'lɜːdʒɪk] 过敏的	alternative [ɔːl'tɜːnətɪv] 可选择的	amazing [ə'meɪzɪŋ] 令人惊讶的
ambiguous [æm'bɪgjʊəs] 有歧义的	ambitious [æm'bɪʃəs] 极富野心的	analytical [ˌænə'lɪtɪkl] 分析的	ancient ['eɪnʃənt] 古代的
angry ['æŋgrɪ] 气愤的，生气的	applied [ə'plaɪd] 应用的	archaeological [ˌɑːkiə'lɒdʒɪkl] 考古学的	artificial [ˌɑːtɪ'fɪʃl] 人工的
artistic [ɑː'tɪstɪk] 艺术的	ascending [ə'sendɪŋ] 上升的	atmospheric [ˌætməs'ferɪk] 大气的	attentive [ə'tentɪv] 注意的
audio ['ɔːdɪəʊ] 声音的	available [ə'veɪləbl] 可获得的，有时间的	aware [ə'weə(r)] 意识到的	awful ['ɔːfl] 可怕的
auto ['ɔːtəʊ] 自动的	bald [bɔːld] 光秃的	barren ['bærən] 贫瘠的	basic ['beɪsɪk] 基础的

beautiful ['bjuːtɪfl] 美丽的	biological [ˌbaɪə'lɒdʒɪkl] 生物的	blind [blaɪnd] 盲的	blond [blɒnd] 金发的
British ['brɪtɪʃ] 英国的	broad [brɔːd] 广泛的	buried ['berɪd] 埋藏的	calculating ['kælkjʊleɪtɪŋ] 计算的
casual ['kæʒuəl] 随便的	central ['sentrəl] 中央的	challenging ['tʃælɪndʒɪŋ] 挑战的	cheaper [tʃiːpə(r)] 便宜些的
cheerful ['tʃɪəfl] 高兴的	children's ['tʃɪldrənz] 儿童的	classical ['klæsɪkl] 古典的	clean [kliːn] 干净的
cleanest ['kliːnɪst] 最干净的	clear [klɪə(r)] 清楚的	clever ['klevə(r)] 聪明的	coastal ['kəʊstl] 海边的
comfortable ['kʌmftəbl] 舒适的	common ['kɒmən] 普通的	commonsense ['kɒmənsens] 有常识的	complete [kəm'pliːt] 完全的
completed [kəm'pliːtɪd] 完成的	confident ['kɒnfɪdənt] 自信的	conservative [kən'sɜːvətɪv] 保守的	convenient [kən'viːnɪənt] 方便的
co-operative [kəʊ'ɒpərətɪv] 合作的 (=cooperative)	corrupt [kə'rʌpt] 腐败的	costly ['kɒstlɪ] 昂贵的，费钱的	cream [kriːm] 奶油色的
critical ['krɪtɪkl] 批评的	crucial ['kruːʃl] 至关重要的，决定性的	cultural ['kʌltʃərəl] 文化的	curly ['kɜːlɪ] 卷发的

current ['kʌrənt] 目前的	daily ['deɪlɪ] 每日的	dairy ['deərɪ] 牛奶的	dangerous ['deɪndʒərəs] 危险的
dark [dɑːk] 黑暗的，深色的	departmental [ˌdiːpɑːt'mentəl] 部门的	dependent [dɪ'pendənt] 依赖的	detailed ['diːteɪld] 细节的
different ['dɪfrənt] 不同的	direct [də'rekt] 直接的	disabled [dɪs'eɪbld] 肢体有残疾的	distant ['dɪstənt] 远的
distinct ['dɪstɪnkt] 明显的	domestic [də'mestɪk] 国内的，家里的，内部的	dominant ['dɒmɪnənt] 最主要的	eastern ['iːstən] 东方的，东部的
economic [ˌiːkə'nɒmɪk] 经济的	educational [ˌedʒʊ'keɪʃənl] 教育的	effective [ɪ'fektɪv] 有效的	efficient [ɪ'fɪʃnt] 有效率的
elementary [ˌelɪ'mentrɪ] 初级的	empty ['emptɪ] 空的	enormous [ɪ'nɔːməs] 广泛的，大的	enthusiastic [ɪnˌθjuːzɪ'æstɪk] 热情的
environmental [ɪnˌvaɪrən'mentl] 环境的	essential [ɪ'senʃl] 基本的	excited [ɪk'saɪtɪd] 兴奋的	exciting [ɪk'saɪtɪŋ] 令人兴奋的
existent [ɪg'zɪstənt] 存在的	expensive [ɪk'spensɪv] 昂贵的	experienced [ɪk'spɪərɪənst] 有经验的	experimental [ɪkˌsperɪ'mentl] 实验的
extensive [ɪk'stensɪv] 广泛的	extra ['ekstrə] 额外的	fair [feə(r)] 美丽的；公平的	fake [feɪk] 假的，伪造的

Test Paper 2

各位同学，请先做听写练习。做完之后核对答案，并填写feedback表格。

Feedback

本次测试题目个数：104

		漏听	生词	对发音不熟悉	连读	拼写错误	大小写错误	单复数错误
第一循环	横向测试							
	纵向测试							
第二循环	横向测试							
	纵向测试							
第三循环	横向测试							
	纵向测试							

语料测试表			
famed [feɪmd] 著名的	familiar [fə'mɪlɪə(r)] 熟悉的	famous ['feɪməs] 著名的	fancy ['fænsɪ] 奇怪的
fashionable ['fæʃnəbl] 流行的，时髦的	favourite ['feɪvərɪt] 最喜爱的	final ['faɪnl] 最后的	financial [faɪ'nænʃl] 金融的
fine [faɪn] 好的	firm [fɜːm] 坚实的	flexible ['fleksəbl] 灵活的	foreign ['fɒrən] 国外的
formal ['fɔːml] 正式的	former ['fɔːmə(r)] 以前的	free [friː] 自由的	frequent ['friːkwənt] 经常的，频繁的
fundamental [ˌfʌndə'mentl] 基本的，基础的	further ['fɜːðə(r)] 进一步的	general ['dʒenrəl] 普通的，笼统的	genetic [dʒə'netɪk] 遗传的
geographical [ˌdʒɪə'græfɪkl] 地理学的	global ['gləʊbl] 全球的，整体的	handy ['hændɪ] 方便的	harmful ['hɑːmfl] 有害的
hazardous ['hæzədəs] 冒险的，危险的	healthy ['helθɪ] 健康的	heavier ['hevɪə(r)] 更沉重的	heavy ['hevɪ] 重的
helpful ['helpfl] 有用的	herbivorous [hɜː'bɪvərəs] 食草的	higher ['haɪə(r)] 更高的	highly-trained ['haɪlɪtreɪnd] 高度训练的
historical [hɪ'stɒrɪkl] 历史的	least [liːst] 最少的，最小的	ill [ɪl] 生病的	illegal [ɪ'liːgl] 非法的

immune [ɪ'mjuːn] 免疫的	important [ɪm'pɔːtnt] 重要的	impossible [ɪm'pɒsəbl] 不可能的	inaccurate [ɪn'ækjərət] 不准确的
inadequate [ɪn'ædɪkwət] 不足的	individual [ˌɪndɪ'vɪdʒʊəl] 个人的	industrial [ɪn'dʌstrɪəl] 工业的	informative [ɪn'fɔːmətɪv] 通知的，有信息的
initial [ɪ'nɪʃl] 最初的	inspiring [ɪn'spaɪərɪŋ] 鼓舞人心的	intact [ɪn'tækt] 完好无损的	intelligent [ɪn'telɪdʒənt] 智力的
intensive [ɪn'tensɪv] 强化的	interesting ['ɪntrəstɪŋ] 有趣的	intermediate [ˌɪntə'miːdɪət] 中级的	internal [ɪn'tɜːnl] 内部的
international [ˌɪntə'næʃnəl] 国际的	irregular [ɪ'regjələ(r)] 不规则的	irritable ['ɪrɪtəbl] 易怒的	isolated ['aɪsəleɪtɪd] 与世隔绝的
key [kiː] 重点的，关键的	latest ['leɪtɪst] 最新的	legal ['liːgl] 合法的	little-known ['lɪtlnəʊn] 不知名的，无名的
loyal ['lɔɪəl] 忠诚的	magic ['mædʒɪk] 魔术的	magical ['mædʒɪkl] 难以想象的，不可思议的	magnificent [mæg'nɪfɪsnt] 华丽的
major ['meɪdʒə(r)] 主要的	martial ['mɑːʃl] 武术的	mature [mə'tʃʊə(r)] 成熟的	medical ['medɪkl] 医疗的
mental ['mentl] 精神的	mid [mɪd] 中间的	migratory ['maɪgrətrɪ] 迁移的	military ['mɪlətrɪ] 军人的，军队的

miserable ['mɪzrəbl] 痛苦的	mobile ['məʊbaɪl] 运动的	moderate ['mɒdərət] 中度的	modern ['mɒdn] 现代的
musical ['mjuːzɪkl] 音乐的	natural ['nætʃrəl] 自然的	negative ['negətɪv] 消极的	neighbouring ['neɪbərɪŋ] 附近的，临近的
nervous ['nɜːvəs] 紧张的	noble ['nəʊbl] 高尚的，贵族的	noisy ['nɔɪzɪ] 嘈杂的	non-active [nɒn'æktɪv] 不活跃的
normal ['nɔːml] 正常的	northern ['nɔːðən] 北方的	objective [əb'dʒektɪv] 客观的	occupational [ˌɒkjʊ'peɪʃənl] 职业的
Olympic [ə'lɪmpɪk] 奥运会的	optic ['ɒptɪk] 光学的	optional ['ɒpʃənl] 可选择的	oral ['ɔːrəl] 口语的
organic [ɔː'gænɪk] 有机的	overall [ˌəʊvər'ɔːl] 整个的	overhead [ˌəʊvə'hed] 头上的	overseas [ˌəʊvə'siːz] 海外的
parental [pə'rentl] 父母的	payable ['peɪəbl] 可支付的	perfect ['pɜːfɪkt] 完美的	personal ['pɜːsənl] 个人的
physical ['fɪzɪkl] 肉体的；身体的	pleasant ['pleznt] 愉快的	political [pə'lɪtɪkl] 政治的	pop [pɒp] 流行的

Test Paper 3

各位同学，请先做听写练习。做完之后核对答案，并填写feedback表格。

Feedback

本次测试题目个数：126

		漏听	生词	对发音不熟悉	连读	拼写错误	大小写错误	单复数错误
第一循环	横向测试							
	纵向测试							
第二循环	横向测试							
	纵向测试							
第三循环	横向测试							
	纵向测试							

语料测试表			
popular ['pɒpjələ(r)] 时髦的	positive ['pɒzətɪv] 积极的	possible ['pɒsəbl] 可能的	potential [pə'tenʃl] 潜在的
practical ['præktɪkl] 实际的	precious ['preʃəs] 珍贵的	predictable [prɪ'dɪktəbl] 可预言的	present ['preznt] 目前的
previous ['priːvɪəs] 以前的，原来的	printed ['prɪntɪd] 打印出来的	private ['praɪvət] 私人的	professional [prə'feʃənl] 专业的
promising ['prɒmɪsɪŋ] 有前途的	psychiatric [ˌsaɪkɪ'ætrɪk] 精神病的	psychological [ˌsaɪkə'lɒdʒɪkl] 心理的	public ['pʌblɪk] 公共的
pure [pjʊə(r)] 纯洁的	purest ['pjʊərɪst] 最纯净的 （最高级）	Queen's [ˌkwiːnz] 女王的	random ['rændəm] 随机的
rapid ['ræpɪd] 快速的	rare [reə(r)] 罕见的	raw [rɔː] 生的	recycled [ˌriː'saɪkld] 回收的
redundant [rɪ'dʌndənt] 多余的	regional ['riːdʒənl] 局域的	regular ['regjələ(r)] 定期的；规律的	reinforced [ˌriːɪn'fɔːst] 加强的
related [rɪ'leɪtɪd] 相关的	relevant ['reləvənt] 相关的	reliable [rɪ'laɪəbl] 可信赖的，可靠的，可依赖的	remote [rɪ'məʊt] 远的

resistant [rɪ'zɪstənt] 抵抗的	reverse [rɪ'vɜːs] 相反的	rising ['raɪzɪŋ] 上升的	royal ['rɔɪəl] 皇家的
rural ['rʊərəl] 乡下的	sacked [sækt] 被解雇的	safe [seɪf] 安全的	satisfactory [ˌsætɪs'fæktərɪ] 满意的
scarce [skeəs] 不足的	scientific [ˌsaɪən'tɪfɪk] 科学的	seasonal ['siːzənl] 季节的	seasoned ['siːznd] 风干的
secondary ['sekəndrɪ] 第二的	second-hand ['sekəndhænd] 二手的	self-funded [self'fʌndɪd] 自给自足的	self-sufficient [selfsə'fɪʃnt] 自给自足的
senior ['siːnɪə(r)] 高级的	sensible ['sensəbl] 明智的	serial ['sɪərɪəl] 连续的	serious ['sɪərɪəs] 严肃的
seven-screen ['sevnskriːn] 七个屏幕的	several ['sevrəl] 几个	shared [ʃeə(r)d] 共享的	sharp [ʃɑːp] 锋利的；紧急的
short [ʃɔːt] 短的	sick [sɪk] 生病的	silent ['saɪlənt] 安静的	silver ['sɪlvə(r)] 银的
similar ['sɪmələ(r)] 相似的	simple ['sɪmpl] 简单的	sleepy ['sliːpɪ] 想睡的	slim [slɪm] 苗条的
smart [smɑːt] 聪明的	smelly ['smelɪ] 有臭味的	social ['səʊʃl] 社会的	solar ['səʊlə(r)] 太阳的
soundproof ['saʊndpruːf] 隔音的	southern ['sʌðən] 南方的	spacious ['speɪʃəs] 宽敞的，宽广的	spare [speə(r)] 多余的

special ['speʃl] 特别的	specialized ['speʃəlaɪzd] 特别的，专门的	species ['spiːʃiːz] 种类，物种	specific [spə'sɪfɪk] 特别的
spiral ['spaɪrəl] 螺旋的	stable ['steɪbl] 稳定的	steady ['stedɪ] 稳定的	stout [staʊt] （形容人）结实的，强壮的
strained [streɪnd] 紧张的	stressful ['stresfl] 压力的	stretching [stretʃɪŋ] 伸展的	strong [strɒŋ] 强壮的
stronger [strɒŋgə(r)] 更强的	subjective [səb'dʒektɪv] 主观的	successful [sək'sesfl] 成功的	sufficient [sə'fɪʃnt] 充分的
suitable ['suːtəbl] 合适的	super ['suːpə(r)] 超级的	surprised [sə'praɪzd] 惊奇的	systematic [ˌsɪstə'mætɪk] 系统的
technical ['teknɪkl] 科技的	theoretical [ˌθɪə'retɪkl] 理论的	traditional [trə'dɪʃənl] 传统的	troublesome ['trʌblsəm] 带来麻烦的
typical ['tɪpɪkl] 典型的	unanimous [ju'nænɪməs] 意见一致的	uncomfortable [ʌn'kʌmftəbl] 不舒服的	unconvincing [ˌʌnkən'vɪnsɪŋ] 没有说服力的
underground ['ʌndəgraʊnd] 地下的	unfair [ˌʌn'feə(r)] 不公平的	unhealthy [ʌn'helθɪ] 不健康的	unique [jʊ'niːk] 独特的
united [jʊ'naɪtɪd] 联合的	unreliable [ˌʌnrɪ'laɪəbl] 不可依赖的	unsocial [ˌʌn'səʊʃl] 不合群的	unusual [ʌn'juːʒuəl] 非同寻常的
useful ['juːsfl] 有用的	useless ['juːsləs] 没用的	usual ['juːʒʊəl] 平常的，普通的	various ['veərɪəs] 各种的

violent ['vaɪələnt] 猛烈的，暴力的	virtual ['vɜːtʃʊəl] 虚拟的	visible ['vɪzəbl] 可见的	visual ['vɪʒʊəl] 视觉的
warm [wɔːm] 温暖的	washable ['wɒʃəbl] 可洗的	wealthy ['welθɪ] 有钱的	weekly ['wiːklɪ] 每周的
western ['westən] 西方的	whole [həʊl] 整个的	wide [waɪd] 广泛的	wise [waɪz] 明智的
worthwhile [ˌwɜːθ'waɪl] 值得的	worthy ['wɜːðɪ] 值得做某事		

4.3 Adverb 副词

Test Paper

各位同学，请先做听写练习。做完之后核对答案，并填写feedback表格。

Feedback

本次测试题目个数：12

		漏听	生词	对发音不熟悉	连读	拼写错误	大小写错误	单复数错误
第一循环	横向测试							
	纵向测试							
第二循环	横向测试							
	纵向测试							
第三循环	横向测试							
	纵向测试							

语料测试表			
almost ['ɔːlməʊst] 几乎，差不多	currently ['kʌrəntlɪ] 目前地	directly [də'rektlɪ] 直接地	effectively [ɪ'fektɪvlɪ] 有效地
efficiently [ɪ'fɪʃntlɪ] 有效率地	originally [ə'rɪdʒənəlɪ] 最初地	physically ['fɪzɪklɪ] 身体地	professionally [prə'feʃənəlɪ] 专业地
rapidly ['ræpɪdlɪ] 快速地	regularly ['regjələlɪ] 定期地	scarcely ['skeəslɪ] 不足地	virtually ['vɜːtʃʊəlɪ] 几乎

Chapter 5

吞音连读
混合训练
语料库

IELTS

本部分主要训练雅思听力测试中对于连读、吞音、单复数等综合辨别能力。要掌握好这些语料，分为4步：

第 1步，横向测试训练：先做测试，然后对照答案评估测试结果。这部分由英音正常速度朗读。重点解决考生“不熟悉”和“记录慢”这两种常见问题。

第 2步，纵向测试训练：在第1步的基础上利用原来的测试材料重新测试，只是语音有所改变。特殊语料由带有一定口音的Voice Actors朗读。朗读速度较快。重点训练考生熟悉语音和快速反应。

第 3步，魔鬼跟读：在雅思听力中，Hallie提倡“魔鬼跟读法”。考生要充分适应自己不熟悉的语音和不熟悉的表述方式。而在口语中，Hallie提倡“自然跟读法”，就是要使自己的口语尽量字正腔圆，不会让考官产生歧义（详见本系列图书中的“口语语料库”）。

第 4步，超越语料：语料来自于我们的实际应用，属于每一位考生，属于每一位为理想而奋斗的人。听力语料对雅思口语也有很好的借鉴作用，因此，需要考生认真掌握。

考生不要先看答案，而是要先进行听音训练。

在听音训练之后，再对照答案寻找差距。

5.1 语料训练方法（3）

连读

在连贯地说话或朗读时，在同一个意群（即短语或从句）中，如果相邻的两个词前者以辅音音素结尾，后者以元音音素开头，就要自然地将辅音和元音相拼，构成一个音节，这就是连读。

很多情况下，考生能够辨别出单个单词，但是在听到连读时会发生混淆。

吞音

在语速较快的情况下，有的单词的音会被融合或者省略。

在雅思听力考试中，对于学生而言，这也是难点。

混合语料

这是Hallie独创的听力训练方法。把多种语料混在一起综合训练，提高训练难度，可以进一步促进考生对语料的掌握。

此外，这种训练方式也符合实际考试情况。因为在实际的考试中，也是多种语料混合的。

这部分语料由不同口音的人朗读。

下划线部分为特别提示，需重点关注。

5.2 吞音连读混合训练

Test Paper 1

各位同学，请先做听写练习。做完之后核对答案，并填写feedback表格。

Feedback

本次测试题目个数：114

		漏听	生词	对发音不熟悉	连读	拼写错误	大小写错误	单复数错误
第一循环	横向测试							
	纵向测试							
第二循环	横向测试							
	纵向测试							
第三循环	横向测试							
	纵向测试							

语料测试表		
a (great) variety of 很多种	a balanced diet 均衡饮食	a couple of 几个
a pair of glasses 一副眼镜	a period of time 一段时间	A plus A+
a series of 一系列的	a serious person 一个严肃的人	a sharp turn 急转弯
abilities 能力（复数）	academic English 学术英语	academic problems 学术问题；学习问题
academic system 学术体系	academic teaching staff 教学人员	accommodation expense 住宿费
accommodation fee 住宿费	accommodation form 住宿单	accountants 会计
action plan 行动计划	added panic 增加恐惧心理	admission card 借书卡
admission office 招生办公室	adult students 成年学生	advanced course 高级课程
advanced degree 高阶	Advanced English Studies 高级英语研究	agrarian reform 土地改革
ahead of time 预先	aim of lecture 授课目标	aims 目标
air pollution 空气污染	air pump 空气泵	air shuttle bus 机场巴士
air conditioner 空调	alarm system 警报系统	alternative energies 可替代能源

ATM 自动取款机	amusement park 游乐场	an educational film 有教育意义的影片
analyse data 分析数据	ancient temple 古庙	annual membership fee 年会费
answer questions 回答问题	ant intelligence 蚂蚁的智商	antibiotics and acid 抗生素和酸
appearances 外貌（复数）	apple juice 苹果汁	application form 申请表
applied mathematics 应用数学	applied science 应用科学	architecture style 建筑风格
Arctic Ocean 北冰洋	Atlantic Ocean 大西洋	avoid touching rocks 不要接触岩石
arm badge 胳膊上戴的臂章	arrive at one's destination 到达目的地	art gallery 画廊，艺术馆
art museum 艺术博物馆	articles from journal 期刊文章	artistic approach 艺术的方法
Asian studies 亚洲研究	assessment methods 评估方法	assessment of patients 对病人的评估
assistant professor 助教；副教授	associate with 与……关联	assume the responsibility 承担责任
at least 至少	area for improvement 不足之处	awards 奖励
atmospheric pollution 大气污染	atmospheric warming 全球气候变暖	Australian dollars 澳元
average ability 平均能力	bricks 砖（复数）	bowls 碗（复数）

Bachelor's degree 学士学位	bad eyesight 视力不好	bad management 管理不善
Baked Earth 烤热的地球	bank statement 银行对账单	bank transfer 银行转账
banking center 银行中心	bar chart 柱状图	bar code 条形码
barbecue set 烧烤架	barren land 荒地	barren mine 废弃矿
basic course 基础课	basic rule 基本规则	be allergic to sth. 对……过敏
be out of temper 生气	bed sheet 床单	bed linen 床单
be prone to 易于	beginning course 入门课程	belts 带子，腰带
biological clock 生物钟	black raincoat 黑雨衣	black skirt 黑色短裙
black tea 红茶	black trousers 黑色裤子	black velvet 黑天鹅绒
blocks 街区	blood flow 血流	blood sample 血液样本
bloom of flowers 百花盛开	blue sweater 蓝色毛衣	boarding school 住宿学校（常指小学和中学）
boat trip 划船之旅	book in advance 预订	book reservation 预订书
bones 骨头（复数）	bowling alley 保龄球道	botanical garden 植物园

Test Paper 2

各位同学，请先做听写练习。做完之后核对答案，并填写feedback表格。

Feedback

本次测试题目个数：111

		漏听	生词	对发音不熟悉	连读	拼写错误	大小写错误	单复数错误
第一循环	横向测试							
	纵向测试							
第二循环	横向测试							
	纵向测试							
第三循环	横向测试							
	纵向测试							

语料测试表		
bulletin board 布告栏	breathtaking 令人屏住呼吸的	breed fish 养鱼
British Council 英国使馆文化处	British Library 大英图书馆	British Museum 大英博物馆
broaden one's horizon 拓宽视野	broaden one's view 拓宽视野	brother-in-law 姐夫，妹夫
buses 公共汽车	bus pass 月票	bus routes 乘车路线
business card 名片	business class 商务舱	business culture 企业文化
business ethics 商业道德	business faculty 商务系	business studies 商业研究
business trip 出差	cages 笼子（复数）	cabin keys 小屋钥匙
cable car 缆车	circulation desk 借书台	call slip 借书证
campus crime 校园犯罪	candles 蜡烛	cannot meet the deadline 不能在最后期限内完成
car model 汽车模型	car rental 租车	car tires=car tyres 汽车轮胎
card index 卡片索引	card catalog=card catalogue 卡片目录	comment card 注解卡片
carbon dioxide 二氧化碳	carve 雕刻东西	carving wood 木头雕刻

case study 个案分析	case studies 个案分析（复数）	choices for facilities 设施选择
cassette recorders 卡带式录音机	CD player CD播放器	CD-ROM 光驱
casual clothes 休闲服	casual wear 休闲服	charges 收费
cater to 迎合	catering facilities 餐饮设施	catering staff 餐饮部员工
center hall 中央大厅	center manager 中心经理	central heating 中央取暖
Central Avenue 中央大街（地名）	Central Park 中央公园（地名）	Central Station 中央火车站（地名）
certificate of childcare 儿童护理证书	charitable organization 慈善机构	charity hospital 慈善医院
check in 办理登机、入住手续	check out 结账	checklist 核对清单
chest infection 胸部发炎	chemistry lab 化学实验室	Church Road 教堂路（地名）
chequebook 支票本	cheque card 支票卡	concentrate on 注意
circus performance 马戏团的表演	Children's Day 儿童节	cheese production 奶酪生产
city's expansion 城市扩张	city council 城市委员会	city overhead view 城市俯视图
commuters 通勤者	class representative 班级代表	conquerors 征服者

cleaning equipment 清洁设备	cleaning materials 清洁材料	clear argument 清晰论证
classmates 同学（复数）	coarse texture 质地粗糙	comfortable clothes 舒服的衣服
colleagues 同事（复数）	clock watch 报时表	closed shelves 闭架书库
close-book exam 闭卷考试	closed reserve 闭架书库	closed-circuit TV 闭路电视
coffee shop 咖啡店	coffee break 喝咖啡的休息时间	coffee machine 咖啡机
collection tank 储存罐	collections 收藏（复数）	college close-up 大学特写
common residence 普通住宅	common room （英）师生公用的休息室	common sense 常识
communication skills 交流技巧	communication strategies 交际策略	communication technology 通讯技术
conference reports 会议报告	contact list 联系人清单	company actions 公司行动
compulsory course 必修课	computer model 电脑模型	computer programmer 电脑程序员
computer sound card 电脑声卡	computer system 计算机系统	connecting flight 转机
concert hall 音乐厅	concert room 音乐厅	classical music 古典音乐

Test Paper 3

各位同学，请先做听写练习。做完之后核对答案，并填写feedback表格。

Feedback

本次测试题目个数：114

		漏听	生词	对发音不熟悉	连读	拼写错误	大小写错误	单复数错误
第一循环	横向测试							
	纵向测试							
第二循环	横向测试							
	纵向测试							
第三循环	横向测试							
	纵向测试							

语料测试表		
contact lenses 隐形眼镜	cooperating research elements 合作研究原理	coping with stress 缓解压力
corporate loan 筹资	cost effective 性价比较高	cost of living 生活开销
costume party 化装晚会	cough mixture 止咳药	country music 乡村音乐
course fee 学费	course and materials 课程和材料	course director 课程主管
cover the cost 足以支付成本	craft goods 手工艺制品	credit card 信用卡
creeks 小溪	crime awareness 犯罪意识	crime rate 犯罪率
cross passage 通道	cultural differences 文化差异	culture shock 文化冲击
curve chart 曲线图	currency form 货币申报单	current account 现金账户
cycling route 骑车路线	customs service 海关服务	cut and polished 经过切割和抛光的
damages 损害（复数）	dark clothes 深色衣服	dark trousers 深色裤子
dateline 日界线	data analysis 数据分析	data assessment 数据评估
date of birth 出生日期	date of expiry 期限	date slip 期限

day pupil 只是白天来上学的学生	day school 不住宿学校	day shift 白班
debts 债（复数）	decades 十年	decayed teeth 蛀牙
decoration balloons 装饰气球	deliver a speech 作演讲	delivery desk 借书台
department building 系里的建筑物	department store 商场	departmental address 系的地址
desire to learn 学习的欲望	desk lamp 台灯	details 细节（复数）
detective film 侦探片	digital camera 数码相机	digital system 数码系统
different levels 不同水平	dining hall 学校的餐厅	dining room 餐厅
diseases 疾病	distant deadline 离最后期限还有段时间	distance learning 远程教育
divorce rate 离婚率	distinguishing feature 显著特色	distribution of population 人口分布
downward trend 下降趋势	do training courses 上培训课	Doctor's degree 博士学位
domestic factors 内部因素	domestic student 当地学生	domestic violence 家庭暴力
door key 门钥匙	door-to-door service 上门服务	drugs 药品
double lock 反锁	double room 配有一张双人床的房间	double grill 双层烤架，双格栅

Drama Theater 戏剧影院（地名）	Drama Festival 戏剧节	drama teacher 话剧老师
draw a conclusion 得出结论	disabled access 残疾人通道	dropout rate 辍学率
dress code 着装要求	dress rehearsal 彩排	disputes 争论（复数）
drinking machine 饮水机	drinks and snacks 饮料和零食	drink less coffee 少喝咖啡
driver's license 驾照	driving license 驾照	directors 董事
drop-off site 丢垃圾的地点	drop-off 放下	El Nino 厄尔尼诺现象
Eagle Road 鹰路（地名）	eastern beach 东海滩	eat harmful insects 吃有害昆虫
economic growth 经济增长	economic history 经济学史	economy class 经济舱
education exhibition 教育展	education officer 教育官员	education standard 教育标准
education system 教育制度	electronic director 电子监控器	electric fan 电风扇
electricity bill 电费	electricity fee 电费	electronic dictionary 电子词典
email attachment 电子邮件附件	email account 电邮账号	email address 电子邮箱
emergency contact person 紧急联系人	emergency telephone number 紧急电话号码	dial *n.* 表盘 *v.* 拨

Test Paper 4

各位同学，请先做听写练习。做完之后核对答案，并填写feedback表格。

Feedback

本次测试题目个数：105

		漏听	生词	对发音不熟悉	连读	拼写错误	大小写错误	单复数错误
第一循环	横向测试							
	纵向测试							
第二循环	横向测试							
	纵向测试							
第三循环	横向测试							
	纵向测试							

语料测试表		
emotion and mood 感情和情绪	end of term 学期末	endangered species 濒危物种
energy industry 能源业	engineers 工程师	engineering room 工程室
engrave 雕刻东西	enrollment fee 报名费	entrance fee 游览门票
environment agency 环境机构	environmental damage 环境破坏	environmental issues 环境问题
environmental science 环境科学	environmental studies 环境研究	environmentally-friendly 环保的
Evening News 《晚间新闻》(报纸名称)	evening appointment 晚间约会	exercise one's muscles 锻炼肌肉
exhibition of instruments 乐器展	experimental for construction 建筑实验	experimental facilities 实验设施
expected duration 预计持续时间	express train 特快列车	express way 高速公路
extension number 分机号	extensive writing 大量的写作	exchange drafts 交换草稿
extra charge 小费	extra workload 额外工作量	ethical film 伦理片
eye doctor 眼科医生	eye contacts 目光交流	essay plan 提纲；论文计划
extinct species 灭绝物种	face-to-face interview 面对面采访	failure rate 不及格率

family medical history	familiar with	family abuse
家族病史	熟悉，通晓	家庭暴力
family ticket	family name	family relationship
家庭套票	姓	家庭关系
fancy dress	fancy ball	fancy dress party
化妆晚会时穿的晚会服装；奇装异服	化装舞会	化装舞会
falcons	farewell party	farming products
隼	告别会	农产品
fear of unemployment	feel one's pulse	female corpse study
担心失业	测脉搏	女尸的研究
field method	field system	field trip
土地作业方式	土地系统	实习
field work	film festival	film studio
实习	电影节	电影工作室
financial advice	financial affairs	financial budget
理财建议	财务问题	财政预算
financial department	financial executive	financial goals
金融系	财务主管	经济目标
financial market	financial organization	financial policy
金融市场	金融团体	金融政策
financial problems	financial shortage	financial source
财务问题；经济问题	缺钱	经济来源
fine arts	fine texture	fire alarm
美术	质地细腻	火警

fire blanket 灭火毯	fire drill 火警演习	fire management 火灾防范
first floor 二楼（英式）；一楼（美式）	first name 名	first-aid kit 急救箱
first-year student 大一学生（英）	fish cakes 鱼饼	fish tank 鱼缸
fishing boat 渔船	fishing industry 渔业	fitness centre 健身中心
fitness club 健身会所，健身俱乐部	fitness level 身体状况	fitness training 健身训练
fixed expenses 固定花费	flexible working time 弹性工作时间	flight number 航班号
flowers' taste 花朵的味道（注意所有格的写法）	flying craft 飞行器	flying speed 飞行速度
food processing 食品加工	food and oil 食物和油	food chain 食物链
focus on 集中于	football club 足球俱乐部	football match 足球比赛
for sale 打折	forestry industry 林业	formal clothes 正式服装
four nights 四个晚上	fortnight 十四天	fourth-year student 大四学生（英）

Test Paper 5

各位同学，请先做听写练习。做完之后核对答案，并填写feedback表格。

Feedback

本次测试题目个数：100

		漏听	生词	对发音不熟悉	连读	拼写错误	大小写错误	单复数错误
第一循环	横向测试							
	纵向测试							
第二循环	横向测试							
	纵向测试							
第三循环	横向测试							
	纵向测试							

语料测试表		
free for heating 免费供暖	free of charge 免费	free transportation 免费运送
fruit juice 果汁	fruit trees 果树	functions and places 位置及其功能
full-time 全日制	full name 全名	fur trade 皮毛交易
further education 继续教育	Garden Hall 花园大厅（地名）	garden tools 园艺工具
generation of electricity 发电	gas station 加油站	general election 大选，普选
general English 普通英语	general English practice 普通英语练习	general health 总体健康
general ideas 综合观点	general method 常规方法	general science 大众科学
geography trip 地理考察	geographic location 地理位置	geographical value 地理的价值
give sb. a sack 解雇（=kick sb. out of work）	given name 名	give a prescription 开药方
give up 放弃	give a speech 作演讲	give confirmation 发出确认信
get feedback 获得反馈	guide book 指导手册	guided tour 有导游带领的旅行
go to hospital 去医院看病	global listening 整体听力	global warming 全球变暖

gold medal 金牌	Gold Street 金色大街（地名）	Golf Club 高尔夫俱乐部
good eyesight 视力好	good shoes 运动鞋	good steering 方便操纵
goodbye party 告别会	government policy 政府政策	government-funded 政府资助的
grasp keywords 抓住关键词	graduate school 研究生院 (美语用法)	graduation announcements 毕业典礼请柬
grain pattern of timber 木材的花纹；细腻的木纹图案	grain pattern 图案	great favourites 最喜爱的
ground floor 底层，一楼（英式）	green waste 可回收垃圾，可降解废物	greyhound bus 灰狗巴士（城市公交的一种）
group discussion 小组讨论	gym membership 健身房会员	hens 母鸡
high wind 大风	half human 半人	half term 学期中
hard-hoofed animals 硬蹄动物	hall of residence 英国学生宿舍	halls of residence 英国学生宿舍（复数）
hand pump 手提式灭火器	hands broken 指针坏了	have access to 拥有……的权利，接近
harmful insects 有害昆虫	harmful to humans 对人类有害	have strong hearts and lungs 心肺功能良好

have an operation 动手术	have high rank in geography 地理级别高	have strong financial muscles 经济实力雄厚
help desk 咨询处	headmaster （英）高中以下学校校长	head office 总部
healthcare 健康护理	health check 体检	health club 健身会所
heart attack 心脏病	heartbeats 心跳	heart disease 心脏病
heat indicator 热度指示	horse hair 马毛	horse riding 骑马
herb tea 草药茶	herd of cattle 牲畜	host family 接待家庭
high rank 高级	highly-trained staff 高度受训的员工	higher education 高等教育
high-rise buildings 高层建筑	high-quality camera 高质量相机	honeymoon suite 蜜月套房
historical museum 历史博物馆	history of school 学校历史	historical maps 历史地图
horror film 恐怖片	hot dog 热狗	hot meal 热饭
hothouse effect 温室效应		

Test Paper 6

各位同学，请先做听写练习。做完之后核对答案，并填写feedback表格。

Feedback

本次测试题目个数：107

		漏听	生词	对发音不熟悉	连读	拼写错误	大小写错误	单复数错误
第一循环	横向测试							
	纵向测试							
第二循环	横向测试							
	纵向测试							
第三循环	横向测试							
	纵向测试							

语料测试表		
hotel crime 酒店犯罪	hunt for 寻找	house insurance 房屋财产险
house key 门钥匙	housing agency 房屋中介	human beings 人类
human consumption 人类消费	human race 人类	human resources 人力资源
ice curling 冰壶运动	ice pack 冰袋	ice skating 滑冰
identities 身份	identity card 身份证	illegal profits 非法利润
in visible view 在视野范围内	immune system 免疫系统	in advance 预先
in chemistry lab 在化学实验室	in circles 在剧场中圆形的位置	in circulation 在流通的
Indian Ocean 印度洋	incoming calls 打入的电话；接电话	Independence Day （美国）独立纪念日
industrial material 工业材料	information board 布告栏	information video 介绍内容的录像
information desk 咨询台	information page 信息页	information sector 信息部门
inland region 内陆地区	initial migration 最初的迁徙，移民	injection of vaccine 疫苗注射
institutes 机构	institutions 机构	insects haunting 闹昆虫
instructors 教练	instruction of handbook 手册中的要求	instant coffee 速溶咖啡

interpersonal skills 人际交往能力	insurance companies 保险公司	insurance company 保险公司
intensive course 强化课	intensive study 集中学习	interlibrary service 图书馆际服务
intermediate course 中级课程	internal clock 生物钟	international club 国际俱乐部
international evening 国际学生晚会	international student card 国际学生证	international student 国际学生
Internet access 互联网接口	Internet café 网吧	Internet system 互联网系统
investigators 调查者	irrigable land 水浇地	isolated spot 离市区远的地方
job interview 求职面试	jaws 下巴	joint membership 联合会员资格
keepers 看守的人	jump the queue 插队	jump the line 插队
killer whales 杀人鲸	Kungfu film 武侠片	kelp forest 成片海藻
key approach 主要方法	key to reception 接待处钥匙	keywords 关键词
kick sb. out of work 解雇	king-sized bed 1.8m×2.0m的床	King's suite 国王套房
knives 小刀	kitchen table 餐桌	kitchen utensils 厨房器皿
lamps 灯	listening tapescript 听力原文	lab equipment 实验器材
lack confidence 缺乏自信	lack of confidence 缺乏自信	landmark 地标

large slide 大型滑梯	large-scale housing 大规模住房	lecture hall 阶梯教室
laser printing 激光打印	last but not least 最后的但是也很重要的（表示总结）	last name 姓
lawyers 律师	layout of resume 简历布局	learning strategies 学习策略
learning styles 学习方式	leisure wear 休闲服	leisure activities 休闲活动
level of maturity 成熟水平	lemon tree 柠檬树	letter of recommendation 推荐信
library card 借书卡	library resource 图书馆资源	life science 生命科学
life cycle 生命周期	life expectancy 预期寿命	life insurance 寿险
lights 灯	link to 关于	literary film 文艺片
list of headings 标题列表	list of objectives （写论文中）列出本文目的	lecture theatre=theater 阶梯教室

Test Paper 7

各位同学，请先做听写练习。做完之后核对答案，并填写feedback表格。

Feedback

本次测试题目个数：130

		漏听	生词	对发音不熟悉	连读	拼写错误	大小写错误	单复数错误
第一循环	横向测试							
	纵向测试							
第二循环	横向测试							
	纵向测试							
第三循环	横向测试							
	纵向测试							

语料测试表		
living cost 生活开销	living expenses 生活费	loans 贷款
local walking club 当地徒步俱乐部	local history 当地历史	local industry 当地工业
local pet shop 当地宠物店	local product 当地产品	local resident 当地居民
local school 当地学校	local shop 当地商店	local student 当地学生
local tribes 当地部落	lookout points 观看景点	lock all windows 锁上所有窗户
long-term loan 长期贷款	loss of soil 土壤流失	lose temper 生气
loudspeaker 扬声器	love story 爱情片	low nutrition 低营养
low-frequency noise 低频噪声	low income 低收入	magazines and journals 杂志和期刊
magical animals 神奇的动物	machines and robots 机器和机器人	martial art 武术
maid servant 女佣人	mails 邮件	mailing list 邮寄清单
major in nursing 护理专业	main course 主菜	main entrance 主入口，主入口处
main hall 主厅	main kitchen 主厨房	main library 主要图书馆

make an appointment 预约	make plans 制订计划	map of cave 山洞的地图
manage time better 合理管理时间	manmade dam 人造大坝	manual facilities 手工设施
market research 市场调查	market cycle 市场周期	market economy 市场经济
marketing management 销售管理	marketing research 销售调研	marketing techniques 销售技巧
marketing seminar 市场营销研讨会	marketing strategies 营销策略，市场战略	mass media 大众传媒
mind map 提纲	Master's degree 硕士学位	Master Card 万事达信用卡
meat and cheese 肉类和乳酪	mathematic formula 数学公式	mature students 成年学生
media studies 媒体研究	media centre 媒体中心	media room 媒体房间
medical science 医学	medical centre 医疗中心	medical history 病史
booklist=book list 书单	membership consultant 会籍顾问（=MC）	membership of a club 俱乐部会员资格
mental ability 精神能力	mental education 思想教育	microwave oven 微波炉
mid-autumn festival 中秋节（必须加连字符）	midmorning snacks 加餐（上午10点左右，喝咖啡，吃零食）	mid-range 中间范围

mid-semester 学期中	migration patterns 迁徙方式；迁徙路线	mileage ticket （可乘坐一定英里数的）火车票
miles 英里	military museum 军事博物馆	mill the grain on the ground 在地上把谷物磨细
millions of 上百万的	mountains 山	mineral water 矿泉水
minimum qualification 最低资格	mining industry 矿业，采矿业	mobile phone 手机
Modern Languages 现代语言（建筑物的名称）	modern management hotel 现代化管理的酒店	modern sports facilities 现代体育设施
money diary 花销日记	money lender 钱商	money management 理财
money order 汇票	monopoly of education 教育垄断	mosquito net 蚊帐
mother-in-law 岳母或者婆婆	movie poster 电影海报	movement of muscle 肌肉运动
music equipment 音乐设备	music instrument 乐器	notice board 布告栏（英国人用）
name badge 写有名字的胸牌	native animals 本土动物	negative effect 消极影响
natural medicine 天然药品	natural museum 自然博物馆	natural fibre 自然纤维

new technologies 新科技	nights 夜	night shift 晚班
no allergy 不过敏	no charge 免费	no nuts 不吃坚果
non-medicine items 非药品类东西	non-stop flight 直达航班	not check identities 不检查身份
not for circulation 不外借	number of exposure 拍照的数量	number of occupants 居住者人数
nursing care 护理，医疗护理	Nursing Diploma 护理毕业证，护理文凭	occupational factors 职业因素
nursery 托儿所	nursery school 托儿所	obligatory course 必修课
self-sufficient 自给自足	off campus 校外	office assistant 办公室助手
overfill 填满	oil explosion 石油爆炸	olive oil 橄榄油
OHPEN 用来在白板上写字的笔		

Test Paper 8

各位同学，请先做听写练习。做完之后核对答案，并填写feedback表格。

Feedback

本次测试题目个数：144

		漏听	生词	对发音不熟悉	连读	拼写错误	大小写错误	单复数错误
第一循环	横向测试							
	纵向测试							
第二循环	横向测试							
	纵向测试							
第三循环	横向测试							
	纵向测试							

语料测试表

on campus 在学校	on foot 步行	on sale （英）热卖；（美）打折
on small scale 小范围地	one-way ticket 单程票	one-way 单程
online shopping 电子购物，网上购物	open admission 免试入学制	open shelves 开架书库
open-book exam 开卷考试	optic examination 眼部检查	optional course 选修课
optional expenses 选择性花销	oral defence 回答问题部分；答辩	orange juice 橙汁
ordinary farmers 普通农民	organic farming 有机农业	organic fiber 有机纤维
organic food 有机食物	organic material 有机材料	Oriental studies 东方研究
original reason 最初理由	out circulation 已借走	out of temper 生气
out on loan 借出的（书、CD等）	outside activity 户外活动	overall aim of the health club 健康俱乐部的总目标
overall trend 总体趋势	overdue and pay a fine 过期并交罚款	overhead projector 投影仪（=OHP）
overhead view 俯视图	overseas student 国际学生，留学生	hitchhike 搭便车旅行
packages 包裹	package tour 全包游	packing list （旅行时的）打包单

Pacific Ocean 太平洋	paddling pool 嬉水池	pages 页
pal group relationship 伙伴关系	palaces 宫殿	palm tree 棕榈树
paper jam 卷纸现象	parent's meeting's aim 家长会的目的	parental teaching 父母的教育
part-time job 兼职工作	part-time 兼职的；业余时间的	party wears 晚宴装
passport photos 护照照片	pay for loss 补偿损失	payment method 付款方式
per day 每天	per month 每月	per person 每个人
per week 每周	per year 每年	permit required 查许可证
personal alarm 个人警报	personal statement 个人陈述（简称PS）	personal trainer 私人教练（缩写PT）
PHD 博士（Doctor of Philosophy 的缩写）	philosophers 哲学家	phone bill 电话费，电话账单
photocopies of notes 复印笔记	photocopies of articles 复印文章	photocopy of article 复印文章
photocopy office 复印室	physical activities 体育活动	physical education 体育课（=PE）
physical surroundings 周边环境	physical therapy 理疗	pie chart 饼图

pine tree 松树	pink slip 解雇通知书	placement test 分班考试
planet science 行星科学	Planet Society 行星协会（一个组织的名称）	planning meeting 筹划会
planting garden 种植园	plastic bags 塑料袋	plastic collection 回收塑料
plus 加	pocket money 零用钱	point of view 观点
polish cars 汽车抛光	poor area 不发达的地区	pop test 抽考
population explosion 人口爆炸	population growth 人口增长	population of crocodiles 鳄鱼的数量
positive effect 积极影响	possible causes of stress 可能的压力来源	postal survey 邮寄调查
power company 供电公司	practical material 实用材料	practical skills 实用技能
precautions 措施	precious stone 宝石	presentation skills 陈述技巧
President's suite 总统套房	previous data 原来的数据	previous insurance company 原来的保险公司
previous result 原来的结果	previous studies 前人的研究	price list 价目单
principal （美）高中以下学校校长	printed card 打印出的卡片	printed catalogue 打印出的目录

private bathroom 私人卫生间	private property 私人财产	private school 私立学校
private trip 私人旅行	prize giving 分配奖品	professional learning 专业学习
project work 项目	project background 项目背景	project outline 项目大纲
profits 利润（复数）	psychological patients 有心理疾病的人	psychological course 心理课
public transport 公交	public awareness 公众意识	public examination 公共考试
public facilities 公共设施	public health 公共健康	public interest 公共利益
public school 公立学校	public service 大众服务	public skills 大众技能
quality of teaching 教学质量	quality of education 教育质量	quality of personnel 职员的素质
quarry tiles 瓦片的一种	property insurance 财产险	question handling 问题处理
Queen's suite 皇后套房	queen-sized bed 1.5m×2.0m的床	Queen's Park 女王公园
RA (research assistant) 研究助理	railway rail 铁轨	railway station 火车站
railway tracks 铁轨	railway worker 铁路工人	random selection 随机选取

Test Paper 9

各位同学，请先做听写练习。做完之后核对答案，并填写feedback表格。

Feedback

本次测试题目个数：139

		漏听	生词	对发音不熟悉	连读	拼写错误	大小写错误	单复数错误
第一循环	横向测试							
	纵向测试							
第二循环	横向测试							
	纵向测试							
第三循环	横向测试							
	纵向测试							

语料测试表		
range of English level 英语水平的范围	rapid population growth 快速人口增长	raw materials 原材料
rare lions 罕见的狮子	rare species 稀有物种	rare fish 稀有鱼类
reach one's destination 到达目的地	readers 读者	reading habits 阅读习惯
reading hits 阅读技巧	reading list 书单，阅读清单	reading session 阅读课
recall library books 要求归还图书馆图书	recall system 图书查询系统	receive prizes 收到奖品
reception area 接待处	reception centre 接待处	reception desk 接待处
recreation therapy 娱乐疗法	recruiting method 招聘方法	recycling material 回收材料
Red Flag 一家保险公司的名称	red kangaroo 红袋鼠	red meat 红肉
reference books 参考书目	reference skills 参考技能	reference stacks 书库
refresher course 进修课	registered mail 挂号信	regular meetings 定期召开的会议
regulations 规则	reinforced by wood and steel 由木头和钢材加固	relate to 关于

remain steady 保持稳定	replacement of jobs 换工作	replacement policy 替代政策
required course 必修课	research approach 研究方法	research assistant 助理研究员
research findings 研究结果	research methods 科研方法；搜集数据的方式	research opportunities 科研机会
research results 研究结果	research source 研究来源	resident student 当地学生
residential college 大学里的寄宿学院	resistance from parents 来自家长的反对	resource management 资源管理
resource protection 资源保护	resource sharing 资源共享	resources room 资源中心
respect the local environment 保护当地环境	result from 归因于	result in 导致
review of literature 文献综述	review promptly 立刻复习	rice cultivation 水稻培养
Riverside Restaurant 河边餐厅（餐厅名称）	Rose Lane 玫瑰小巷（路名）	robots 机器人
rock salt 岩盐	romance story 爱情片	Rose Garden 玫瑰花园（地名）
row house 联排房屋（美）	round trip ticket 往返票	round trip 往返

route map 路线图	road map 道路图	royal commission 皇家委员会；英国皇家专门调查委员会
rubber blanket 橡胶毯	rubber tree 橡胶树	rules and regulations 规章制度
run risks 冒风险	running facilities 跑步的设施	running tunnel 行车隧道
rural area 乡下地区	role of staff 员工的角色	rush hour 交通高峰期
safety check 安全检查	safety helmet 安全头盔	safety helmets 安全头盔
sales team 销售小组	safety office 保卫处	safety regulations 安全规则
Silent Island CD名称	sandglass clock 沙漏	satellite TV station 卫星电视台
School of Arts and Sciences 文理学院	school uniform 校服	science fiction 科幻片
science museum 科技博物馆	scientific approach 科学方法	scientific research 科学研究
scores 分数	sea otter 水獭	sea urchin 海胆
sea watch 海洋监测	seafood restaurant 海鲜店	seat belt 安全带
seating capacity 容纳观众人数	second floor 二楼（美）；三楼（英）	second-hand textbooks 二手教材

secondary school 中学	second-year student 大二学生（英）	sedentary lifestyle 久坐的生活方式
selection method 选择方法	self-access lab 自学实验室	self-defense 自卫
self-service restaurant 自助餐厅	senior advisor=adviser 资深督导师	senior manager 高级经理
senior staff 高级员工	sense of achievement 成就感	sense of success 成就感
sensible exercise 合适的运动	sentences 句子	service manager 服务经理
set money aside 存钱	shared bathroom 共用卫生间	shared social area 公共活动区
shear the sheep 剪羊毛	sheep and cattle 畜群；羊和牛	sheep shearing 剪羊毛
shift work 倒班	shop assistant 售货员	shop manager 商店经理
shopping centre 购物中心	shopping list 购物清单	shopping mall 购物中心
shortage of money 缺钱	sick note 病假条	side effects 副作用
safari zoo 野生动物园	safari park 野生动物园	similar experiments 相似实验
single item 单件物品	size of population 人口规模（也可以指动物数量的多少）	size of sample 样本的大小
silver cloth 银布		

Test Paper 10

各位同学，请先做听写练习。做完之后核对答案，并填写feedback表格。

Feedback

本次测试题目个数：142

		漏听	生词	对发音不熟悉	连读	拼写错误	大小写错误	单复数错误
第一循环	横向测试							
	纵向测试							
第二循环	横向测试							
	纵向测试							
第三循环	横向测试							
	纵向测试							

语料测试表		
sky dome 穹顶	sleeping pills 安眠药片	sleeping sickness 嗜睡症
slide presentation 幻灯演讲	small scale 小规模	small scar on his chin 他下巴上的小伤疤
smoke alarms 烟雾警报	social activities 社会活动	social isolation 人之间的隔阂，没有交流
social issues 社会问题	social matter effects 社会问题影响	social matters 社会问题
social problems 社会问题	social status 社会地位	social workers 社工
soft drinks 软饮料	soft toys 软软的玩具	sound effect 音效
solar system 太阳系	solar power 太阳能	sore throat 嗓子痛
spare time 业余时间	spare parts 零件	spare socks 备用袜子
space shuttle 太空飞船	special audio equipment 特别听力设备	special chemicals 特别的化学物质
special mail 速递	special offers 特别优惠	special party hats 晚会戴的帽子
special rule 特别规则	specialist engine design 专业发动机设计	specialized course 专业课

specialized museum 专业博物馆	specialized sports facilities 专业体育设施	species in rare animal area 稀有动物的种类
species of crocodiles 鳄鱼的种类	spending plans 花销计划	spiders 蜘蛛
spiral notebook 活页本	sports articles 体育用品，运动品	sports suit 运动服
sports centre 体育中心，运动中心	sports hall 体育大厅，运动场馆	sports shoes 运动鞋
spinose plants 有刺的植物	stack system 书库体系	stacks 书库
standard of education 教育标准	standard suite 标准间	stars 星
starter project 初始项目	starting point 起始点	states 州；状态
steak set 一套牛排刀叉	steam engine ship 蒸汽船	steel and wood 钢材和木头
stiff neck 脖子发僵	still water 纯净水	stock market 股票市场
stomach and heart 胃和心脏	stomach muscles training 腹肌练习	stones 石头
storage space 存储空间	storehouse and temples 仓库和寺庙	stories 故事
story conference 故事会	stress levels 压力程度	stress management 对压力的管理

stressful 有压力的	stretching 伸展的	stretching movements 拉伸移动
strict control 严格控制	strong scent 很重的味道	strong wind 大风
student account 学生账户	student banking 学生银行业务	student debt 学生债务
student hostel 学生旅店	student information desk 学生信息处	student representative 学生代表
student service 学生服务	student support service 对学生的帮助；学生服务	student union 学生会
studio apartment 筒子楼	study aids 教具	study circle 研究小组
study club 学习小组	study techniques 学习技巧	styles 风格
stuffed nose 鼻子不通	stuffed toys 毛绒玩具	stuff of purse 钱包的材料
subject access guide 主题索引	subject access 主题索引	submit the document 上交文件
sufficient details 足够多的细节	supportive atmosphere 支持氛围	support service 售后服务，辅助服务
sun's position 太阳的位置	suntan block 防晒	sun cream 防晒霜
summary report 摘要报告	survey conducted 已做的调查	survey of reading 阅读习惯调查
survival course 生存课程	swimming costume 游泳衣	swimming in waterfall 在瀑布里游泳

swimming pool 游泳池	swimming suit 游泳衣	TA 助教（teaching assistant）
tablets 药片（复数）	take notes 记笔记	take blood pressure 量血压
take one's temperature 量体温	take regular exercise 定期运动	take risks 冒风险
taxi stand 出租车站	technical vocabulary 术语	technical institution 技校
teaching club 教师俱乐部	teaching hours 学时	teaching method 教学法
teaching staff 教学人员	teaching syllabus 教学大纲	teachers and faculty 老师和院系情况
tape recorder 录音机	telephone survey 电话调查	television drama 电视戏剧
temple wall 寺庙的墙	temples 寺庙	tennis club 网球俱乐部
terraced house （英）联排房屋	terrestrial heat 地热	tertiary education 高等教育
text structure 文章结构	textbook allowance 教材补贴	the marketing department 市场部
the disabled 残疾人	the old 老人	the poor 穷人
the Milky Way 银河		

Test Paper 11

各位同学，请先做听写练习。做完之后核对答案，并填写feedback表格。

Feedback

本次测试题目个数：127

		漏听	生词	对发音不熟悉	连读	拼写错误	大小写错误	单复数错误
第一循环	横向测试							
	纵向测试							
第二循环	横向测试							
	纵向测试							
第三循环	横向测试							
	纵向测试							

语料测试表		
theme garden 主题公园	theme of project 项目主题	theme park 主题公园
theoretical background 理论背景	theoretical framework 理论架构	tiger shark 虎鲨
theory chapters 理论章节	theory of application 应用理论	therapy method 治疗方法
tilled land 耕地	third floor 三楼	third-year student 大三学生（英）
thinking pattern 思维模式	way of thinking 思考方式	timetable 时间表
time measurement 对时间进行测量	time priority 时间先后顺序	time management 时间管理课
title of essay 论文标题	to some degree 从某种程度上说	to some extent 在某种程度上
toilet facilities 卫生间设施	too much work 工作负荷大	tomatoes 西红柿
tones 语调	top shelf 最高的架子	top ten 十大畅销品
touching rocks 接触岩石	tour guide 导游	tourism organization 旅游组织
tourist brochures 游客手册	Town Hall 市政厅	toy factory 玩具工厂
traffic flow 车流，车流量	traffic jam 交通堵塞	traffic lights 交通灯

traffic rules 交通规则	traffic safety 交通安全	transportation card 公交卡
travel agency 旅行社	travel package 旅行打包行程	traveller's check 旅行支票
treatment method 治疗方法	Trinity College 三一学院	tropical diseases 热带病
tuition fee 学费	tutorial system 小组讨论系统	twin room 两张单人床的房间
TV series 电视连续剧	TV chat show 电视访谈	under pressure 有压力
undergo processing 进行处理	underground car park 地下停车场	underground railway 地铁
unhealthy diet 不健康饮食	Union Bank 联合银行（某银行名称）	units of measurement 测量单位
University Drive 大学路（街道名）	university facilities 大学设施	university guide 大学指南
University of Wollongong 卧龙岗大学	university resource 大学资源	unsocial hours 非正常生活的作息时间（指别人不工作时工人还在工作，影响健康）
upward trend 上升趋势	urban area 城市地区	vacuum cleaner 吸尘器
vacuum the stairs 用吸尘器来清洁楼梯	vary according to the type, shape 因为类别、形状而有差异	vary one's diet 改变饮食
vegetable burger 蔬菜堡	video project 录像作业	video recording 录像

video signal 录像信号	videotape editor 录像编辑	visual aids 视觉辅助
VIP class 头等舱	virtual learning 电脑学习	VISA 维萨信用卡
violent crimes 暴力犯罪	volcanic dust 火山灰	warm bath 热水澡
volume chart 体积图	voting system 选举系统	waiting list 后补清单
walking boots 登山靴	walking club 徒步俱乐部	weight training 力量训练
washable shoes 可洗的鞋	washing machine 洗衣机	wedding photos 婚礼照片
waste handling 垃圾处理	waste disposal 废物处理，垃圾处理	X-ray X射线
weaving blanket 编织毯子	water fee 水费	water heater 热水器
water park 水公园	water resources 水资源	water skiing 滑水
weekly return 一周往返	welcome package 入学或旅游时收到的欢迎辞	welcome party 欢迎会
welfare department 福利部门	Western Europe 西欧	wheelchair 轮椅
white meat 白肉	wholesale 批发	wide reading 广泛阅读

wide writing 大量写作	widen one's horizon 拓宽视野	widen one's view 拓宽视野
wind power 风能	wind tunnels 风洞	window dressing 商店橱窗装饰
wing design 机翼设计	withdraw cash 取现金	woman author 女作家
wood should be cut and seasoned 树木要砍下来风干	work objective 工作目标	work place 工作地点
work systematically 系统地工作	World Expo 世界博览会	wretched boat 废弃的船
wild animals 野生动物	youth hostel 青年旅店	your own embassy 本国大使馆
yellow fever 黄热病		

Test Paper 12

各位同学，请先做听写练习。做完之后核对答案，并填写feedback表格。

Feedback

本次测试题目个数：235

		漏听	生词	对发音不熟悉	连读	拼写错误	大小写错误	单复数错误
第一循环	横向测试							
	纵向测试							
第二循环	横向测试							
	纵向测试							
第三循环	横向测试							
	纵向测试							

语料测试表			
abbreviation 缩写	access 接近	accessible 易接近的	accident 事故
affair 事情	announcement 公告	assume 假设	accommodation 住宿
recommendation 推荐	annex 配楼（附属建筑）	according 相符的	breeding 繁殖
surrounding 周围	cooking 做饭	account 账户	accountancy 会计学
accounting 会计	addition 附加	additional 附加的	address 地址
dress 连衣裙	dressing 穿衣；沙拉	assessment 评估	admission 入场费；承认
commission 佣金；委任	depression 沮丧；萧条	affect 影响；装作	effect 结果；作用
effective 有效的	effectively 有效地	appeal *n.* 呼吁 *vi.* 恳求 *vt.* 对……上诉	annual 一年的
arrival 到达	applicant 申请人	application 申请，应用	applied 应用的
appliance 器具；装置	approach *n.* 方法，接近 *vt.* 接近，近乎 *vi.* 接近，靠近	appointment 预约；任命	approval 同意
approximate 近似的	assistance 援助	assistant 助手	associate 伙伴

association 协会	attachment 附件	attack 袭击	attempt *n.* & *v.* 努力
attitude 态度	attend 出席，参加	attendance 到场；出席	attention 注意
attentive 注意的	business 商业；交易	balloon 气球	cartoon 卡通片，动画片
spoon 匙，汤匙	billion 十亿	ballroom 舞会	bathroom 卫生间
playroom 娱乐室	roommate 室友	barren 不生育的，贫瘠的	barrier 障碍物
better 更好的	buffet 自助餐	beginner 初始者	beginning 开始，初级
planner 计划者	planning 制订计划	blood 血	bloom 花；开花
boot 靴子	book 书	booking 预订	booklet 小册子
cannibal 食肉者	connect 连接	cassette 录音带	cattle 牲畜
classical 古典的	classification 分类；类别	classmate 同班同学	comment 注释；评论
commercial 电视广告	communication 交流	community 社区	common 普通的
cotton 棉花	coffee 咖啡	cottage 小屋	cramming 死记硬背
running *n.* 奔跑；运转 *adj.* 奔跑的	wedding 婚礼	banned 禁止	current *n.* 流动；趋势 *adj.* 当前的

currency 货币；流通	cooperate 合作，协作	crossroads 交叉路；转折点	dessert 甜点心
dissertation 论文	different 不同的	difference 差别	dinner 正餐
dizzy 头晕目眩的	little 小的	pizza 比萨饼	discuss 讨论
discussion 讨论	speech 演讲，演说	suggestion 建议	door 门
dollar 美元	floor 地板	poor 贫穷的	efficient 效率高的
essential 必要的	exaggerate 夸张	essay 散文；随笔	embassy 大使馆
issue 问题	curriculum 课程，课程表	express 快车；快递	congress 会议；国会
pressed 紧的；困难的	pressure 压；压力	fee 费	feedback 反馈；返回
ferry 摆渡；渡轮	fossil 化石	food 食物	foot 脚
football 足球	footprint 脚印	goods 商品	gallon 加仑
grammar 语法	handbook 手册	textbook 教科书	notebook 笔记本
newsletters 时事通讯	hippo 河马	hoover 真空吸尘器	horror 恐怖；震惊
hall 大厅；门厅	immune 免疫的	irrigation 灌溉	irritation 激怒
useless 无用的	impossible 不可能的	incorrect 不正确的	innovation 革新；改革

interviewee 被采访人	lessen *vi.* 变小 *vt.* 使变小	degree 度	likelihood 可能
firewood 柴火	matter 问题；事件	mammal 哺乳动物	mass 众多；大众
massage 按摩	midday 正午	million 百万	narrator 解说员
lookout 守望；监视	occasion 场合；时机	occupant 占有人；居住者	occupation 工作，职业
occupational 职业的	offer *vt.* 给予；奉献 *vi.* 提议；出现	office 办公室	officer 军官；官员
passage 文章；一节，一段	passport 护照；通行证	password 口令	pattern 花样，图案
paddle 划桨	penny 便士	personnel 人事；职员	pottery 陶器
process 过程	processing 加工；处理	profession 职业	professor 教授
questionnaire 问卷	possibility 可能性	opportunities 机会，机遇	robber 抢劫者
otter 水獭	rubbish 垃圾	Russia 俄罗斯	school 学校
kangaroo 袋鼠	Scottish *n.* 苏格兰人；苏格兰语 *adj.* 苏格兰人的；苏格兰语的	screen 屏幕	seafood 海鲜
settlement 解决；结账	shuttle 梭子	shopping 购物	swimming 游泳

skiing 滑雪	setting 安装；设置	steel 钢	steering 掌舵；操纵
stress 紧张；压力	stressful 紧张的	stiff 硬的	staff 职员
stuff 材料，原料	cliff 悬崖，峭壁	success 成功	successful 成功的
session 开会；会议	concession 让步	summary 概括的	summer 夏天
summit 尖峰；顶峰	supplementary 增补的	supply 供给；供应	support 支撑；支柱
supportive 赞助的	tennis 网球	tunnel 隧道，地道	toothache 牙痛
traffic 交通	terraced 有露台的	terrestrial 疆土的	vaccine 疫苗
vacuum 真空	waitress 女服务员	willow 柳树	weed 野草
wood 木材	woods 森林	zoo 动物园	

Chapter 6

雅思听力复数听写语料库

IELTS

本部分主要训练雅思听力测试中最基础的复数拼写技能。由于汉语中没有复数，所以很多考生对于复数拼写不熟悉。而英语中复数单词的规则也很多，考生需要灵活掌握，正确使用。这一部分语料被称为“雅思听力复数听写语料库”。要掌握好这些语料，分为4步：

第1步，横向测试训练：先做测试，然后对照答案评估测试结果。这部分由英音正常速度朗读。重点解决考生“不熟悉”和“记录慢”这两种常见问题。

第2步，纵向测试训练：在第1步的基础上利用原来的测试材料重新测试，只是语音有所改变。特殊语料由带有一定口音的Voice Actors朗读，朗读速度较快。重点训练考生熟悉语音和快速反应。

第3步，魔鬼跟读：在雅思听力中，Hallie提倡“魔鬼跟读法”。考生要充分适应自己不熟悉的语音和不熟悉的表述方式。而在口语中，Hallie提倡“自然跟读法”，就是要使自己的口语尽量字正腔圆，不会让考官产生歧义（详见本系列图书中的“口语语料库”）。

第4步，超越语料：语料来自于我们的实际应用，属于每一位考生，属于每一位为理想而奋斗的人。听力语料对雅思口语也有很好的借鉴作用，因此，需要考生认真掌握。

考生不要先看答案，而是要先进行听音训练。

在听音训练之后，再对照答案寻找差距。

6.1 语料训练方法（4）

复数听写法

这是由Hallie独创的听力训练方法，主要是帮助考生克服对复数单词不熟悉的问题。这实际上也符合雅思考试中对语法的测试要求。

横向测试

这也是Hallie独创的听力训练方法。在语料测试表格里，横向语料往往在形态、语义、语音等很多方面有相似之处。考生可以方便记忆，同时可以辨别语料间的差异。横向测试中，语料的朗读主要以英音为主。

纵向测试

这也是Hallie独创的听力训练方法。在语料测试表格里，纵向语料在形态、语义、语音等很多方面存在较大差异。考生可以在“无提示”状态下通过语音单独测试自己对语料的掌握水平。纵向测试中，语料的朗读以澳音和印度音为主。

6.2 复数基本规则

① 一般情况下，在词尾加-s。

② 名词以[s]、[z]、[ʃ]、[tʃ]、[dʒ]等音结尾在其后加-es，如词尾有e，只加-s。

③ 以ce，se，ze，ge或者dge结尾的，直接加s。

④ 名词以-f或-fe结尾的，多数是把-f或-fe变成-ves。

⑤ 名词以y结尾的，如果是“元音+y”结尾的，直接加-s；“辅音+y”结尾的，变y为i，再加-es。

⑥ 名词以o结尾的，如果是“辅音+o”结尾的，加-es；极少数名词虽然以o结尾，变成复数则只加s，比如radios, pianos, zoos等。

⑦ 英语中有些名词的复数形式是不规则的，需要记忆。

⑧ 英语中有些名词总是以复数形式出现。

★特别注意

剑桥雅思考试中有很多特别的复数词汇，与多数中国学生的认知是不同的。例如，剑桥中soils，meats都可以加“s”。所以请考生以听见的内容为准。

6.3 Cambridge 1 复数听写

Test Paper

各位同学，请先做听写练习。做完之后核对答案，并填写feedback表格。

Feedback

本次测试题目个数：163

		漏听	生词	对发音不熟悉	连读	拼写错误	大小写错误	单复数错误
第一循环	横向测试							
	纵向测试							
第二循环	横向测试							
	纵向测试							
第三循环	横向测试							
	纵向测试							

语料测试表			
accounts [ə'kaʊnts] 账单，账户	addresses [ə'dresɪz] 地址	advertisers ['ædvətaɪzə(r)z] 广告客户	aeroplanes ['eərəpleɪnz] 飞机
ages ['eɪdʒɪz] 年龄	airlines ['eəlaɪnz] 航线；航空公司	aisles [aɪls] 通道，走道	apples ['æpls] 苹果
areas ['eərɪəz] 面积，地区	arrows ['ærəʊz] 箭	articles ['ɑːtɪkls] 文章	athletes ['æθliːts] 运动员
Australian artists ['ɑːtɪsts] 澳大利亚艺术家	Australians [ɒ'streɪlɪənz] 澳大利亚人	badges ['bædʒɪz] 证章；标记	bags [bægz] 书包
bananas [bə'nɑːnəz] 香蕉	banks [bæŋks] 银行	bicycles ['baɪsɪkls] 自行车	boats [bəʊts] 小船
boys [bɔɪz] 男孩	branches ['brɑːntʃɪz] 树枝；分支机构	buckles ['bʌkls] 带扣	bunches ['bʌntʃɪz] 串，花束
cabins ['kæbɪnz] 小屋	calculations [ˌkælkjʊ'leɪʃnz] 计算	cameras ['kæmərəz] 照相机	cases ['keɪsɪz] 事例，事情
cells [sels] 细胞；单人小室	chances ['tʃɑːnsɪz] 机会	checkouts ['tʃekaʊts] 付款台	cheques [tʃeks] 支票
chocolates ['tʃɒkləts] 巧克力	circumstances ['sɜːkəmstənsɪz] 情况	cities ['sɪtɪz] 城市	clubs [klʌbz] 俱乐部

companies ['kʌmpənɪz] 公司	components [kəm'pəʊnənts] 零件	computers [kəm'pjuːtə(r)z] 计算机	concessions [kən'seʃnz] 让步；特许权
consultants [kən'sʌltənts] 顾问	consumers [kən'sjuːmə(r)z] 消费者	contents ['kɒntents] 内容	costs [kɒsts] 费用；代价
customers ['kʌstəmə(r)z] 顾客	cycles ['saɪkls] 循环；脚踏车	deals [diːls] 交易	decisions [dɪ'sɪʒnz] 决定
degrees [dɪ'griːz] 程度；学位	departments [dɪ'pɑːtmənts] 部门；系	details ['diːteɪls] 细节	devices [dɪ'vaɪsɪz] 设备，装置，仪器
difficulties ['dɪfɪkəltɪz] 困难	distances ['dɪstənsɪz] 距离	districts ['dɪstrɪkts] 区	divisions [dɪ'vɪʒnz] 分开；部门
eggs [egz] 鸡蛋	essays ['eseɪz] 论文	exhibitions [ˌeksɪ'bɪʃnz] 展览	eyes [aɪz] 眼睛
facilities [fə'sɪlətɪz] 设施	factors ['fæktə(r)z] 因素	facts [fækts] 事实	faculties ['fækltɪz] 能力，技能
farmers ['fɑːmə(r)z] 农民	farms [fɑːmz] 农场	features ['fiːtʃə(r)z] 特色，特点	gears [gɪə(r)z] 齿轮，传动装置
grandmas ['grændmɑːz] 祖母	grandpas ['grændpɑːz] 祖父	groups [gruːps] 组	growers ['grəʊə(r)z] 种植者，栽培者
guarantees [ˌgærən'tiːz] 保证书	habits ['hæbɪts] 习惯	hillsides ['hɪlsaɪdz] 山腰，山坡	hooks [hʊks] 挂钩

industries ['ɪndəstrɪz] 工业	instruments ['ɪnstrəmənts] 仪器，器械；乐器	issues ['ɪʃuːz] 事件	lectures ['lektʃə(r)z] 授课
links [lɪŋks] 环节，联系	managers ['mænɪdʒə(r)z] 经理	mangoes ['mæŋgəʊz] 芒果	manufactures [ˌmænjʊ'fæktʃə(r)z] 制造业
marks [mɑːks] 标记	measurements ['meʒəmənts] 测量，测定	members ['membə(r)z] 成员	memories ['memərɪz] 记忆，记忆力
methods ['meθədz] 方法	movements ['muːvmənts] 活动，运动	needs [niːdz] 需要	nuts [nʌts] 坚果
objects ['ɒbdʒɪkts] 物体	overdrafts ['əʊvədrɑːfts] 透支，透支金额	paintings ['peɪntɪŋz] 绘画；油画，水彩画	papers ['peɪpə(r)z] 论文
parts [pɑːts] 部分	passengers ['pæsɪndʒə(r)z] 乘客	pens [penz] 钢笔	pieces [piːsɪz] 片，张
pills [pɪls] 药丸，药片	places ['pleɪsɪz] 地方，地点	plantations [plɑːn'teɪʃnz] 农场；种植园	points [pɔɪnts] 要点
policies ['pɒləsɪz] 政策，方针	positions [pə'zɪʃnz] 地点，方位，位置	prices ['praɪsɪz] 价格，价钱	problems ['prɒbləmz] 问题
products ['prɒdʌkts] 产品	programs ['prəʊgræmz] 项目；程序	purposes ['pɜːpəsɪz] 目的	quantities ['kwɒntətɪz] 数量

questions ['kwestʃənz] 问题	reasons ['riːznz] 原因	records ['rekɔːdz] 记录	refreshments [rɪ'freʃmənts] 茶点、小吃等
reproductions [ˌriːprə'dʌkʃnz] 再生，再制造	requirements [rɪ'kwaɪəmənts] 要求	results [rɪ'zʌlts] 结果	retailers ['riːteɪlə(r)z] 零售商
rooms [ruːmz] 房间，房屋	rows [rəʊz] 横排，列	sales [seɪls] 销售	seats [siːts] 座位
seconds ['sekəndz] 秒；第二名；次品	servings ['sɜːvɪŋz] 服务；伺候	shelves [ʃelvz] 架子	ships [ʃɪps] 船
shoppers ['ʃɒpə(r)z] 顾客，购物者	shops [ʃɒps] 商店	souvenirs [ˌsuːvə'nɪə(r)z] 纪念品	spectators [spek'teɪtə(r)z] 观众
sportsmen ['spɔːtsmən] 运动员	stages ['steɪdʒɪz] 舞台	stairs [steə(r)z] 楼梯	steps [steps] 脚步
stores [stɔː(r)z] 商店	stresses ['stresɪz] 压力	students ['stjuːdnts] 学生	studies ['stʌdɪz] 学习，研究
subjects ['sʌbdʒɪkts] 主题；学科	suckers ['sʌkə(r)z] 易受骗的人	suitcases ['suːtkeɪsɪz] 手提箱	supermarkets ['suːpəmɑːkɪts] 超市
tariffs ['tærɪfs] 关税，税率	techniques [tek'niːks] 技术	terms [tɜːmz] 学期，时期	texts [teksts] 正文，文本
things [θɪŋz] 东西	thoughts [θɔːts] 思想	tickets ['tɪkɪts] 票	toilets ['tɔɪləts] 厕所

tutorials [tjuː'tɔːrɪəls] 导师	values ['væljuːz] 价值	vegetables ['vedʒtəbls] 蔬菜	videos ['vɪdɪəʊz] 录像
views [vjuːz] 风景	vitamins ['vɪtəmɪnz] 维生素	voyages ['vɔɪɪdʒɪz] 航海，航行	weekdays ['wiːkdeɪz] 平日，工作日
wheels [wiːls] 车轮	women ['wɪmɪn] 女人	workers ['wɜːkə(r)z] 工人	

6.4 Cambridge 2 复数听写

Test Paper

各位同学，请先做听写练习。做完之后核对答案，并填写feedback表格。

Feedback

本次测试题目个数：153

		漏听	生词	对发音不熟悉	连读	拼写错误	大小写错误	单复数错误
第一循环	横向测试							
	纵向测试							
第二循环	横向测试							
	纵向测试							
第三循环	横向测试							
	纵向测试							

语料测试表			
activities [æk'tɪvətɪz] 活动	administrators [əd'mɪnɪstreɪtə(r)z] 管理人员，行政人员	animals ['ænɪməls] 动物	answers ['ɑːnsə(r)z] 答案
applicants ['æplɪkənts] 申请人	assignments [ə'saɪnmənts] 任务	balconies ['bælkənɪz] 阳台，露台	birds [bɜːdz] 鸟
books [bʊks] 图书，书籍	boots [buːts] 皮靴，长靴	bubbles ['bʌbls] 泡泡	bursts [bɜːsts] 爆炸，破裂
cars [kɑː(r)z] 小汽车	CDs [ˌsiː'diːz] 光盘	challenges ['tʃæləndʒɪz] 挑战	charities ['tʃærətɪz] 慈爱，慈善
children ['tʃɪldrən] 孩子	coaches [kəʊtʃɪz] 长途汽车；教练	colleges ['kɒlɪdʒɪz] 高中，学院	countries ['kʌntrɪz] 国家
courses ['kɔːsɪz] 课程	crops [krɒps] 庄稼	curtains ['kɜːtnz] 窗帘	dams [dæmz] 水坝，水堤
deadlines ['dedlaɪnz] 截止期限，最后期限	detours ['diːtʊə(r)z] 绕道，绕行的路	dictionaries ['dɪkʃənrɪz] 字典，辞典	differences ['dɪfrənsɪz] 不同处
directions [də'rekʃnz] 方向，方位	dissertations [ˌdɪsə'teɪʃnz] （博士）论文	distractions [dɪ'strækʃnz] 分心，干扰	diversions [daɪ'vɜːʃnz] 转向，转移
documentaries [ˌdɒkjʊ'mentrɪz] 纪录片	donkeys ['dɒŋkɪz] 驴	doors [dɔː(r)z] 门	drivers ['draɪvə(r)z] 司机

duties ['djuːtɪz] 责任；职位，职务	errors ['erə(r)z] 错误	evenings ['iːvnɪŋz] 晚上	events [ɪ'vents] 事件
examples [ɪg'zɑːmpls] 例子；样品；样本	expectations [ˌekspek'teɪʃnz] 期望，期待	explorers [ɪk'splɔːrə(r)z] 探险家，勘探者	families ['fæməlɪz] 家庭
favourites ['feɪvərɪts] 特别喜爱的人/物	figures ['fɪgə(r)z] 数字	findings ['faɪndɪŋz] 发现，发现物	flickers ['flɪkə(r)z] 闪烁；摇曳
flights [flaɪts] 飞行；航班	floors [flɔː(r)z] 地板	forms [fɔːmz] 形状；种类；表格	friends [frendz] 朋友
functions ['fʌŋkʃnz] 功能，作用	geographers [dʒɪ'ɒgrəfə(r)z] 地理学家	gorges ['gɔːdʒɪz] 峡谷	grants [grɑːnts] 助学金；救济
guides [gaɪdz] 向导，指导者	guys [gaɪz] 伙计，家伙	headaches ['hedeɪks] 头疼	hobbies ['hɒbɪz] 爱好
ideas [aɪ'dɪəz] 主意	imaginations [ɪˌmædʒɪ'neɪʃnz] 想象	improvements [ɪm'pruːvmənts] 改善，改进	individuals [ˌɪndɪ'vɪdʒʊəls] 个人，个体
injunctions [ɪn'dʒʌŋkʃnz] 连接处	interest groups 利益团体	interruptions [ˌɪntə'rʌpʃnz] 打断	jokes [dʒəʊks] 玩笑
keys [kiːz] 钥匙	kids [kɪdz] 小孩	lakes [leɪks] 湖，湖泊	legs [legz] 腿
letters ['letə(r)z] 信；字母	levels ['levls] 水平	lines [laɪnz] 绳，线，列	locks [lɒks] 锁

magazines [ˌmæɡə'ziːnz] 杂志	maps [mæps] 地图	matters ['mætə(r)z] 事情	meadows ['medəʊz] 草地，牧草地
meals [miːls] 饭，餐	milestones ['maɪlstəʊnz] 里程碑	minds [maɪndz] 头脑，智力	muggers ['mʌɡə(r)z] 强盗
names [neɪmz] 名字	newspapers ['njuːspeɪpə(r)z] 报纸	novels ['nɒvls] 小说	officers ['ɒfɪsə(r)z] 军官；公务员
offices ['ɒfɪsɪz] 办公室	outdoors [ˌaʊt'dɔːz] 户外，野外	outskirts ['aʊtskɜːts] 市郊，郊区	persons ['pɜːsnz] 人
pictures ['pɪktʃə(r)z] 图片，照片	pioneers [ˌpaɪə'nɪə(r)z] 先驱者	plants [plɑːnts] 植物，农作物	plays [pleɪz] 戏剧
possessions [pə'zeʃns] 所有物；财产	prerequisites [ˌpriː'rekwəzɪts] 首要事物；必要条件；前提	productions [prə'dʌkʃnz] 生产；制作；产量	programmes ['prəʊɡræmz] 节目
promotions [prə'məʊʃnz] 提升，晋级	puddles ['pʌdls] 水坑；泥潭	qualifications [ˌkwɒlɪfɪ'keɪʃnz] 资格，能力	queries ['kwɪərɪz] 要求，需求
questionnaires [ˌkwestʃə'neə(r)z] 问卷，调查表	radios ['reɪdɪəʊz] 收音机	references ['refrənsɪz] 参考，参照	regions ['riːdʒənz] 地区
reports [rɪ'pɔːts] 报告	reservoirs ['rezəvwɑː(r)z] 蓄水库；仓库	resources [rɪ'sɔːsɪz] 资源	respondents [rɪ'spɒndənts] 应答者
restaurants ['restrɒnts] 饭店	routines [ruː'tiːnz] 日常工作；惯例	rules [ruːls] 规则，规定	schools [skuːls] 学校

screens [skriːnz] 屏幕，荧光屏	seminars ['semɪnɑː(r)z] 研讨班	seniors ['siːnɪə(r)z] 前辈，大四学生	sessions ['seʃnz] 开会，集会；课程；时间
sexes ['seksɪz] 性别	sheets [ʃiːts] 床单；表格	shorts [ʃɔːts] 短裤	shows [ʃəʊz] 表演
snakes [sneɪks] 蛇	socks [sɒks] 短袜	soils [sɔɪls] 土地，土壤	sources ['sɔːsɪz] 根源，来源
sports hall 体育馆	springs [sprɪŋz] 春天；泉水	stints [stɪnts] 限量，定额	strategies ['strætədʒɪz] 战略，策略
streets [striːts] 街道	systems ['sɪstəmz] 系统；体系	tapes [teɪps] 磁带，录音带	tastes [teɪsts] 滋味，味道
teachers ['tiːtʃə(r)z] 教师	times [taɪmz] 倍数；时代	tools [tuːls] 工具	topics ['tɒpɪks] 题目，论题，话题
tourists ['tʊərɪsts] 旅游者	trousers ['traʊzəz] 裤子	tutors ['tjuːtə(r)z] 家庭教师	TVs [ˌtiː'viːz] 电视机
venues ['venjuːz] 地点	viewers ['vjuːə(r)z] 观众	visits ['vɪzɪts] 参观，访问	watches [wɒtʃɪz] 手表
waterfalls ['wɔːtəfɔːz] 瀑布	windows ['wɪndəʊz] 窗户	winds [wɪndz] 风	wings [wɪŋz] 翼；翅膀
words [wɜːdz] 字，单词			

6.5 Cambridge 3 复数听写

Test Paper

各位同学，请先做听写练习。做完之后核对答案，并填写feedback表格。

Feedback

本次测试题目个数：95

		漏听	生词	对发音不熟悉	连读	拼写错误	大小写错误	单复数错误
第一循环	横向测试							
	纵向测试							
第二循环	横向测试							
	纵向测试							
第三循环	横向测试							
	纵向测试							

语料测试表			
advantages [əd'vɑːntɪdʒɪz] 优势，优点	aggravations [ˌæɡrə'veɪʃnz] 加重，恶化	applications [ˌæplɪ'keɪʃnz] 申请，请求	aspects ['æspekts] 方面
backups ['bækʌps] 帮助，援助，支持	bathrooms ['bɑːθruːmz] 浴室	bedrooms ['bedruːmz] 卧室	beds [bedz] 床
buildings ['bɪldɪŋz] 建筑物	burglars ['bɜːɡlə(r)z] 窃贼，小偷	causes ['kɔːzɪz] 原因	ceilings ['siːlɪŋz] 天花板，顶棚
certificates [sə'tɪfɪkəts] 执照，证明书；文凭	chairs [tʃeə(r)z] 椅子	chicks [tʃɪks] 小鸡	climates ['klaɪməts] 天气，气候
combinations [ˌkɒmbɪ'neɪʃnz] 合作，组合	comments ['kɒments] 评论	conditions [kən'dɪʃnz] 条件	constraints [kən'streɪnts] 强制，限制
covers ['kʌvə(r)z] 覆盖物；封皮；表面	crocodiles ['krɒkədaɪls] 鳄鱼	cushions ['kʊʃnz] 垫子	dates [deɪts] 日期；枣
designers [dɪ'zaɪnə(r)z] 设计师	disadvantages [ˌdɪsəd'vɑːntɪdʒɪz] 劣势，缺点	doctors ['dɒktə(r)z] 医生；博士	effects [ɪ'fekts] 效果，影响
emergencies [ɪ'mɜːdʒənsɪz] 紧急	fans [fænz] 扇子；迷	fats [fæts] 脂肪	favours ['feɪvə(r)z] 喜爱，喜好
feathers ['feðə(r)z] 羽毛	files [faɪls] 文件夹	flowers ['flaʊə(r)z] 花	gadgets ['ɡædʒɪts] 小器具，小装置

garages ['gærɑːʒɪz] 车库	gifts [gɪfts] 礼物	hats [hæts] 帽子	heels [hiːls] 足跟，后跟
hindquarters [haɪnd'kwɔːtəz] （动物的）后臀及后腿	hinges ['hɪndʒɪz] 合叶	houses ['haʊsɪz] 房子	housewives ['haʊswaɪvz] 家庭主妇
incubators ['ɪŋkjʊbeɪtə(r)z] 孵化器	indicators ['ɪndɪkeɪtə(r)z] 指示器	intents [ɪn'tents] 意图，意向	interviews ['ɪntəvjuːz] 面试，接见
keyholes ['kiːhəʊls] 锁眼，钥匙孔	kitchens ['kɪtʃɪnz] 厨房	laundries ['lɔːndrɪz] 洗衣店，洗衣房	ligaments ['lɪgəmənts] 韧带；灯丝
margins ['mɑːdʒɪnz] 空白处	masses ['mæsɪz] 大多数，大部分	materials [mə'tɪərɪəls] 材料，原料	meats [miːts] 肉类
modifications [ˌmɒdɪfɪ'keɪʃnz] 缓和，限制；更改，改变	months [mʌnθs] 月份	mornings ['mɔːnɪŋz] 早晨	muscles ['mʌsls] 肌肉
notes [nəʊts] 笔记，摘记	ostriches ['ɒstrɪtʃɪz] 鸵鸟	outings ['aʊtɪŋz] 远足，郊游	parents ['peərənts] 父母
patients ['peɪʃnts] 病人	possibilities [ˌpɒsə'bɪlətɪz] 可能性，可能的事	practices ['præktɪsɪz] 练习	practitioners [præk'tɪʃənə(r)z] 实习者
presents ['preznts] 礼物	properties ['prɒpətɪz] 财产，所有物	pupils ['pjuːpls] 小学生	remedies ['remədɪz] 补救，补偿

responses [rɪ'spɒnsɪz] 回答；响应	rolls [rəʊls] 一卷，滚动	roofs [ruːfs] 屋顶	Saturdays ['sætədeɪz] 星期六
services ['sɜːvɪsɪz] 服务	shades [ʃeɪdz] 阴凉处	shapes [ʃeɪps] 外形，形状	shares [ʃeə(r)z] 一份；股份
shoes [ʃuːz] 鞋	smokers ['sməʊkə(r)z] 吸烟者	sports [spɔːts] 运动	suburbs ['sʌbɜːbz] 郊区，城郊
sufferers ['sʌfərə(r)z] 受害者，受难者	suggestions [sə'dʒestʃənz] 建议	Sundays ['sʌndeɪz] 星期日	surgeries ['sɜːdʒərɪz] 外科手术
tables ['teɪbls] 桌子；表格	tasks [tɑːsks] 任务；工作	trips [trɪps] 旅行	types [taɪps] 类型，种类
variations [ˌveərɪ'eɪʃnz] 变化，变动	waves [weɪvz] 波涛，波浪	weekends [ˌwiːk'endz] 周末	

6.6 Cambridge 4 复数听写

Test Paper

各位同学，请先做听写练习。做完之后核对答案，并填写feedback表格。

Feedback

本次测试题目个数：127

		漏听	生词	对发音不熟悉	连读	拼写错误	大小写错误	单复数错误
第一循环	横向测试							
	纵向测试							
第二循环	横向测试							
	纵向测试							
第三循环	横向测试							
	纵向测试							

语料测试表			
actions ['ækʃnz] 行动	acts [ækts] 行为，行动	amounts [ə'maʊnts] 数量	approaches [ə'prəʊtʃɪz] 靠近；方法
arts [ɑːts] 文科	authorities [ɔː'θɒrətɪz] 权力；权威	balloons [bə'luːnz] 气球	barbs [bɑːbz] 倒钩
basics ['beɪsɪks] 基本原理	beaches ['biːtʃɪz] 海滩，海滨	calls [kɔːls] 呼喊；电话	cards [kɑːdz] 卡片，名片
catches ['kætʃɪz] 捕获物	celebrations [ˌselɪ'breɪʃnz] 庆祝	centres ['sentə(r)z] 中心	centuries ['sentʃərɪz] 世纪
changes ['tʃeɪndʒɪz] 变化	circuses ['sɜːkəsɪz] 马戏团	colours ['kʌlə(r)z] 颜色，色彩	conclusions [kən'kluːʒnz] 结尾；结论
consequences ['kɒnsɪkwənsɪz] 结果，结论	cottages ['kɒtɪdʒɪz] 小屋，村舍	creatures ['kriːtʃə(r)z] 生物，动物	crimes [kraɪmz] 犯罪
crystals ['krɪstls] 水晶	days [deɪz] 天	developments [dɪ'veləpmənts] 发展	displays [dɪ'spleɪz] 陈列，展览
dollars ['dɒlə(r)z] 美元	drawbacks ['drɔːbæks] 缺点	drinks [drɪŋks] 饮料	employees [ɪm'plɔɪiːz] 雇员
exams [ɪg'zæmz] 考试	experiments [ɪk'sperɪmənts] 实验，试验	extensions [ɪk'stenʃnz] 延伸，延期	films [fɪlmz] 电影

fins [fɪnz] 鱼鳍	flats [flæts] 公寓	funds [fʌndz] 资金，基金	games [geɪmz] 游戏
gardens ['gɑːdnz] 花园	goals [gəʊls] 目标	guests [gests] 客人	gusts [gʌsts] （怒、笑等的）爆发；迸发，发作
halls [hɔːls] 门厅，礼堂	high-rises ['haɪraɪzɪz] 高楼	holes [həʊls] 洞	holidays ['hɒlədeɪz] 假日，假期
horses ['hɔːsɪz] 马	hours ['aʊə(r)z] 小时	hovercrafts ['hɒvəkrɑːfts] 气垫船	humans ['hjuːmənz] 人类
incidents ['ɪnsɪdənts] 发生的事	invitations [ˌɪnvɪ'teɪʃnz] 邀请	jobs [dʒɒbz] 职业，职位，工作	kilograms ['kɪləgræmz] 千克，公斤
leaves ['liːvz] 树叶	lengths [leŋθs] 长度	lives ['laɪvz] 生命，生活	locations [ləʊ'keɪʃnz] 地点
markets ['mɑːkɪts] 市场	metres ['miːtə(r)z] 米	millions ['mɪljənz] 百万	minerals ['mɪnərəls] 矿物，矿石
minutes ['mɪnɪts] 分钟	moments ['məʊmənts] 瞬间，片刻	Mondays ['mʌndeɪz] 星期一	nets [nets] 网
numbers ['nʌmbə(r)z] 数字，号码	offers ['ɒfə(r)z] 提议，提供	ones [wʌnz] 一个	operators ['ɒpəreɪtə(r)z] 操作员

options ['ɒpʃnz] 选择	organisations [ˌɔːgənaɪ'zeɪʃnz] 组织	others ['ʌðə(r)z] 其他人	owners ['əʊnə(r)z] 物主，所有人
paper clips 曲别针	performances [pə'fɔːmənsɪz] 演出，表演	performers [pə'fɔːmə(r)z] 演出者；执行者	pets [pets] 宠物
photos ['fəʊtəʊz] 照片	pounds [paʊndz] 英镑	premises ['premɪsɪz] 房屋或其他建筑物	puppeteers [ˌpʌpɪ'tɪə(r)z] 操纵木偶的人
puppets ['pʌpɪts] 木偶，玩偶	purists ['pjʊərɪsts] 纯粹主义者	quizzes ['kwɪzɪz] 小测验	railways ['reɪlweɪz] 铁路，铁道
recommendations [ˌrekəmen'deɪʃnz] 推荐，介绍	relationships [rɪ'leɪʃnʃɪps] 关系	rivers ['rɪvə(r)z] 河，河流	samples ['sɑːmpls] 样本，标本
sandwiches ['sænwɪtʃɪz] 三明治	scales [skeɪls] 范围，程度	school-leavers [skuːl'liːvə(r)z] 中途辍学者	sciences ['saɪənsɪz] 科学
seas [siːz] 海，大海	sections ['sekʃnz] 章节；部分；部门	segments ['segmənts] 片段	sharks [ʃɑːks] 鲨鱼
sides [saɪdz] 面，方，边	sites [saɪts] 位置，场所，地点	skills [skɪls] 技巧	snacks [snæks] 小吃，点心
sorts [sɔːts] 种类	speeches ['spiːtʃɪz] 演讲	stables ['steɪbls] 马厩	standards ['stændədz] 标准
sticks [stɪks] 枝条，棍，棒	supporters [sə'pɔːtə(r)z] 支持者，拥护者	surroundings [sə'raʊndɪŋz] 周围的环境	surveys ['sɜːveɪz] 调查

swans [swɒnz] 天鹅	swimmers ['swɪmə(r)z] 游泳者	tenants ['tenənts] 房客，承租人	Thursdays ['θɜːzdeɪz] 星期四
tips [tɪps] 末端，尖端	towns [taʊnz] 镇，城镇	transactions [træn'zækʃnz] 交易，业务	travelers ['trævələ(r)z] 旅游者
trees [triːz] 树	tricks [trɪks] 把戏，诡计	victims ['vɪktɪmz] 受害者，受灾者	villages ['vɪlɪdʒɪz] 乡村
walks [wɔːks] 步行	weeks [wiːks] 周	works [wɜːks] 作品	

6.7 Cambridge 5 复数听写

Test Paper

各位同学，请先做听写练习。做完之后核对答案，并填写feedback表格。

Feedback

本次测试题目个数：124

		漏听	生词	对发音不熟悉	连读	拼写错误	大小写错误	单复数错误
第一循环	横向测试							
	纵向测试							
第二循环	横向测试							
	纵向测试							
第三循环	横向测试							
	纵向测试							

语料测试表			
advisors [əd'vaɪzə(r)z] 顾问	agencies ['eɪdʒənsɪz] 代理处，中介	angles ['æŋgls] 角，角度	architects ['ɑːkɪtekts] 建筑师；设计师
arrangements [ə'reɪndʒmənts] 安排；准备	assistants [ə'sɪstənts] 助手，助理	assumptions [ə'sʌmpʃnz] 假定，设想	attitudes ['ætɪtjuːdz] 态度，意见，看法
babies ['beɪbɪz] 婴儿	bars [bɑː(r)z] 酒吧	benefits ['benɪfɪts] 利益，好处；优势	bikes [baɪks] 自行车
bills [bɪls] 账单	bookings ['bʊkɪŋz] 预订	bottles ['bɒtls] 瓶子	boxes ['bɒksɪz] 箱子
build-ups ['bɪldʌps] 发展，增强	bumpers ['bʌmpə(r)z] 保险杠；减震器	businesses ['bɪznəsɪz] 生意，交易	cancellations [ˌkænsə'leɪʃnz] 取消
categories ['kætəgərɪz] 种类；类目	CD-ROMS [siːdiː'rɒmz] 光驱	chapters ['tʃæptə(r)z] （书籍的）章，回	classes ['klɑːsɪz] 班级；课
coins [kɔɪnz] 硬币，钱币	communities [kə'mjuːnətɪz] 社区；共同体	competitions [ˌkɒmpə'tɪʃnz] 竞争；比赛	concerns [kən'sɜːnz] 关心的事；担心
congratulations [kənˌgrætʃʊ'leɪʃnz] 祝贺，恭喜	contacts ['kɒntækts] 接触；交往；联系	containers [kən'teɪnə(r)z] 容器	copies ['kɒpɪz] 副本
cots [kɒts] 村舍，小屋；儿童摇床	cups [kʌps] 杯子	currents ['kʌrənts] 趋势；水流；电流	databases ['deɪtəbeɪsɪz] （电脑）数据库

discussions [dɪ'skʌʃnz] 讨论，研讨	dishes ['dɪʃɪz] 盘子，碟子，菜	documents ['dɒkjʊmənts] 公文，文件	DVDs [ˌdiːviː'diːz] 数字化视频光盘
edges ['edʒɪz] 边缘	emissions [ɪ'mɪʃnz] 放射；散发	extremes [ɪk'striːmz] 极端，末端	fees [fiːz] 酬金，服务费
finances ['faɪnænsɪz] 财政；金融	fingers ['fɪŋgə(r)z] 手指	foods [fuːdz] 食品	forces ['fɔːsɪz] 力量，力气
goods [gʊdz] 货物	grips [grɪps] 紧握；理解	handouts ['hændaʊts] 讲义，提纲	hopes [həʊps] 希望
householders ['haʊshəʊldə(r)z] 住户；户主	hundreds ['hʌndrədz] 数以百计；许多	initiatives [ɪ'nɪʃətɪvz] 创意；进取心	insights ['ɪnsaɪts] 眼光
instructions [ɪn'strʌkʃnz] 指示；教导	investments [ɪn'vestmənts] 投资	items ['aɪtəmz] 项目	jars [dʒɑː(r)z] 罐子
journeys ['dʒɜːnɪz] 旅行	juniors ['dʒuːnɪə(r)z] 大学三年级学生	kilocalories ['kiːləʊ'kælərɪz] 千卡	kinds [kaɪndz] 种类
layers ['leɪə(r)z] 层	lecturers ['lektʃərə(r)z] 授课教师	lessons ['lesnz] 课程	libraries ['laɪbrərɪz] 图书馆
loads [ləʊdz] 装载	makers ['meɪkə(r)z] 制造者	map-makers [mæp'meɪkə(r)z] 地图绘制者	matches ['mætʃɪz] 比赛，竞赛
meetings ['miːtɪŋz] 会议	men [men] 男人们	messages ['mesɪdʒɪz] 消息	mistakes [mɪ'steɪks] 错误

models ['mɒdls] 模型；模范；模特	modules ['mɒdjuːz] 模块；组件	negatives ['negətɪvz] 否定，否决	opportunities [ˌɒpə'tjuːnətɪz] 机会
pencils ['pensls] 铅笔	pensions ['penʃnz] 退休金，养老金	plastics ['plæstɪks] 塑料，塑胶	players ['pleɪə(r)z] 运动员；演员
postgraduates [ˌpəʊst'grædʒʊəts] 研究生	pretensions [prɪ'tenʃnz] 借口，托词	printers ['prɪntə(r)z] 打印机	prizes ['praɪzɪz] 奖赏
processes ['prəʊsesɪz] 过程，进程	rations ['ræʃnz] 配给量，定量	referees [ˌrefə'riːz] 裁判员	researchers [rɪ'sɜːtʃəz] 研究员；调查者
rides [raɪdz] 骑；乘坐；搭乘	risks [rɪsks] 危险，风险	roads [rəʊdz] 道路	savings ['seɪvɪŋz] 储金；存款；积蓄
scientists ['saɪəntɪsts] 科学家们	shirts [ʃɜːts] 衬衫	signs [saɪnz] 记号；标志	sledges ['sledʒɪz] 雪橇
solutions [sə'luːʃnz] 解决（办法）	speakers ['spiːkə(r)z] 说话者；演讲者；演说家	statements ['steɪtmənts] 陈述；说明	stations ['steɪʃnz] 车站
stocks [stɒks] 库存	summers ['sʌmə(r)z] 夏天	supplies [sə'plaɪz] 日常用品	talks [tɔːks] 谈话
targets ['tɑːgɪts] 目标	teams [tiːmz] 团队	telecommunications [ˌtelɪkəˌmjuːnɪ'keɪʃnz] 电信行业	testers ['testə(r)z] 实验员；测试器

toddlers ['tɒdlə(r)z] 幼童	tons [tʌnz] 吨	tours [tʊə(r)z] 旅行，旅游	travels ['trævls] 旅游
trends [trendz] 趋势	umbrellas [ʌm'breləz] 雨伞	undergraduates [ˌʌndə'grædʒʊəts] 大学生	universities [ˌjuːnɪ'vɜːsətɪz] 大学
uses ['juːsɪz] 使用	vacancies ['veɪkənsɪz] 空白；空缺	ways [weɪz] 方法；方式	whales [weɪls] 鲸鱼

6.8 Cambridge 6 复数听写

Test Paper

各位同学，请先做听写练习。做完之后核对答案，并填写feedback表格。

Feedback

本次测试题目个数：102

		漏听	生词	对发音不熟悉	连读	拼写错误	大小写错误	单复数错误
第一循环	横向测试							
	纵向测试							
第二循环	横向测试							
	纵向测试							
第三循环	横向测试							
	纵向测试							

语料测试表			
actors ['æktə(r)z] 演员	attendants [ə'tendənts] 出席者；随员	audiences ['ɔːdɪənsɪz] 观众	aunts [ɑːnts] 阿姨
axes ['æksɪz] 斧子	beasts [biːsts] 野兽	beginners [bɪ'gɪnə(r)z] 初学者	beginnings [bɪ'gɪnɪŋz] 开始，起点
booths [buːðz] 货摊；小亭	botanists ['bɒtənɪsts] 植物学家	bricks [brɪks] 砖块	brothers ['brʌðə(r)z] 兄弟们
careers [kə'rɪə(r)z] 事业	cassettes [kə'sets] 磁带	castles ['kɑːsls] 城堡	catalogues ['kætəlɒgz] 目录
caverns ['kævənz] 洞穴，山洞	chefs [ʃefs] 主厨	choices ['tʃɔɪsɪz] 选择	colonizers ['kɒlənaɪzəz] 移居殖民地者
concerts ['kɒnsəts] 音乐会	conventions [kən'venʃnz] 大会；习俗；惯例	delegates ['delɪgəts] 代表	descriptions [dɪ'skrɪpʃnz] 描述，描绘
docks [dɒks] 码头	dwellings ['dwelɪŋz] 住处，住宅	factories ['fæktrɪz] 工厂	fares [feə(r)z] 票价；车（船）费
feet [fiːt] 脚	females ['fiːmeɪls] 女人	fires ['faɪə(r)z] 火，火灾	fishes ['fɪʃɪz] 鱼
fleets [fliːts] 舰队	fragments ['frægmənts] 碎片；片段	fruits [fruːts] 水果	gentlemen ['dʒentlmən] 绅士们

goats [gəʊts] 山羊	grandparents ['grændpeərənts] 祖父母	grounds [graʊndz] 地面	hands [hændz] 手
hooves [huːvz] 蹄	hunter-gatherers ['hʌntə(r)'gæðərə(r)z] 采猎者	hunters ['hʌntə(r)z] 猎人	hypotheses [haɪ'pɒθəsiːz] 假说；前提
images ['ɪmɪdʒɪz] 图片	innovations [ˌɪnə'veɪʃnz] 革新，改革，创新	interviewees [ˌɪntəvjuː'iːz] 被采访人	invasions [ɪn'veɪʒnz] 入侵，侵略
inventors [ɪn'ventə(r)z] 发明者	islands ['aɪləndz] 岛	journals ['dʒɜːnls] 学术期刊	kilometers ['kɪləmiːtə(r)z] 千米
ladies ['leɪdɪz] 女士们	landlords ['lændlɔːdz] 房东；地主	laptops ['læptɒps] 笔记本电脑	leaders ['liːdə(r)z] 领导者
lions ['laɪənz] 狮子	manuals ['mænjʊəls] 手册，简介	merchants ['mɜːtʃənts] 商人	moneylenders ['mʌnɪlendə(r)z] 放债者
movies ['muːvɪz] 电影	museums [mjʊ'ziːəmz] 博物馆	newcomers ['njuːkʌmə(r)z] 新来的人；新手	observations [ˌɒbzə'veɪʃnz] 观察
origins ['ɒrɪdʒɪnz] 起源；由来	parks [pɑːks] 公园	phones [fəʊnz] 电话	pots [pɒts] 罐，壶
pubs [pʌbz] 酒馆，酒吧	reels [riːls] 卷线筒	relations [rɪ'leɪʃnz] 关系	reservations [ˌrezə'veɪʃnz] 保留；预订

restrictions [rɪ'strɪkʃnz] 限制；约束	Romans ['rəʊmənz] 罗马人	scenes [siːnz] 场面	schemes [skiːmz] 计划，方案
series ['sɪərɪz] 连续，系列	settlements ['setlmənts] 解决；殖民	settlers ['setlə(r)z] 移居者，殖民者	shelters ['ʃeltə(r)z] 遮盖物
splashes ['splæʃɪz] 溅；斑点	stitches ['stɪtʃɪz] 针脚，针线	structures ['strʌktʃə(r)z] 结构，构造	subtitles ['sʌbtaɪtls] 副标题
technologies [tek'nɒlədʒɪz] 技术	tests [tests] 测验	textbooks ['tekstbʊks] 教科书，课本	theaters ['θɪətə(r)z] 剧场，电影院
tiles [taɪls] 瓷砖，地砖	tops [tɒps] 顶端	trains [treɪnz] 火车	tribes [traɪbz] 部落，宗族
T-shirts ['tiːʃɜːts] T恤衫	uncles ['ʌŋkls] 叔叔	varieties [və'raɪətɪz] 多样化，变化	vessels ['vesls] 船，舰
visitors ['vɪzɪtə(r)z] 访问者；参观者	walls [wɔːls] 墙	workshops ['wɜːkʃɒps] 工厂，作坊	worlds [wɜːldz] 世界
writers ['raɪtə(r)z] 作者	zones [zəʊnz] 地带，地区		

6.9 Cambridge 7 复数听写

Test Paper

各位同学，请先做听写练习。做完之后核对答案，并填写feedback表格。

Feedback

本次测试题目个数：82

		漏听	生词	对发音不熟悉	连读	拼写错误	大小写错误	单复数错误
第一循环	横向测试							
	纵向测试							
第二循环	横向测试							
	纵向测试							
第三循环	横向测试							
	纵向测试							

语料测试表			
achievements [ə'tʃiːvmənts] 达成，成就	adults ['ædʌlts] 成年人	ants [ænts] 蚂蚁	apartments [ə'pɑːtmənts] 公寓
apes [eɪps] 大猩猩	attractions [ə'trækʃnz] 吸引	binoculars [bɪ'nɒkjələz] 望远镜	blankets ['blæŋkɪts] 毛毯
buckets ['bʌkɪts] 水桶	carbohydrates [ˌkɑːbəʊ'haɪdreɪts] 碳水化合物	carpets ['kɑːpɪts] 地毯	carvings ['kɑːvɪŋz] 雕刻
caves [keɪvz] 山洞	cellists ['tʃelɪsts] 大提琴演奏者	chains [tʃeɪnz] 链，链条	claims [kleɪmz] 主张，断言
clients ['klaɪənts] 顾客	concepts ['kɒnsepts] 概念，观念，思想	corrections [kə'rekʃnz] 修改，校正	counterparts ['kaʊntəpɑːts] 极其相似的人或物
cubs [kʌbz] 幼兽	cuisines [kwɪ'ziːnz] 特色菜	cultures ['kʌltʃə(r)z] 文化	departures [dɪ'pɑːtʃə(r)z] 离开
engravings [ɪn'greɪvɪŋz] 雕刻；版画	enquiries [ɪn'kwaɪərɪz] 询问；调查	expects [ɪk'spekts] 期望	expeditions [ˌekspə'dɪʃnz] 远征，探险
expenses [ɪk'spensɪz] 费用	experiences [ɪk'spɪərɪənsɪz] 经验，经历	faces ['feɪsɪz] 脸	floats [fləʊts] 漂浮物
foothills ['fʊthɪlz] 山麓小丘	footprints ['fʊtprɪnts] 脚印，足迹	fossils ['fɒsls] 化石	governments ['gʌvənmənts] 政府
hills [hɪls] 小山	holidaymakers ['hɒlədeɪmeɪkə(r)z] 假日游客	hotels [həʊ'tels] 饭店	implications [ˌɪmplɪ'keɪʃnz] 暗示

languages ['læŋgwɪdʒɪz] 语言	leaflets ['liːfləts] 传单	limits ['lɪmɪts] 限制	machines [mə'ʃiːnz] 机器
mansions ['mænʃnz] 大厦，大楼	mechanics [mə'kænɪks] 技术，技巧	mirrors ['mɪrə(r)z] 镜子	missions ['mɪʃnz] 任务
mops [mɒps] 拖把	musicians [mjʊ'zɪʃnz] 音乐家	oceans ['əʊʃnz] 海洋	parties ['pɑːtɪz] 聚会；政党
peaks [piːks] 山峰	photographs ['fəʊtəgrɑːfs] 照片	pizzas ['piːtsəz] 比萨饼	projects ['prɒdʒekts] 项目，工程
qualities ['kwɒlətɪz] 质量；特性，本质	rains [reɪnz] 雨	rates [reɪts] 比例，比率	recruits [rɪ'kruːts] 新兵，新手，新成员
residents ['rezɪdənts] 居民	responsibilities [rɪˌspɒnsə'bɪlətɪz] 责任	rewards [rɪ'wɔːdz] 报答；报偿	rings [rɪŋz] 指环
rocks [rɒks] 岩石	roles [rəʊls] 角色；作用	scholars ['skɒlə(r)z] 奖学金	sights [saɪts] 视觉，视界
signals ['sɪgnəls] 信号	soldiers ['səʊldʒə(r)z] 士兵	storehouses ['stɔːhaʊsɪz] 仓库，货栈	talents ['tælənts] 天才
tents [tents] 帐篷	toys [tɔɪz] 玩具	tracks [træks] 行踪；轨道	treats [triːts] 款待；乐事
valleys ['vælɪz] 山谷，溪谷	violinists [ˌvaɪə'lɪnɪsts] 小提琴手	visuals ['vɪʒuəls] 视觉资料	walkers ['wɔːkə(r)z] 散步者
warehouses ['weəhaʊsɪz] 仓库，货栈	watchers ['wɒtʃə(r)z] 观看的人		

6.10 Cambridge 8 复数听写

Test Paper

各位同学，请先做听写练习。做完之后核对答案，并填写feedback表格。

Feedback

本次测试题目个数：64

		漏听	生词	对发音不熟悉	连读	拼写错误	大小写错误	单复数错误
第一循环	横向测试							
	纵向测试							
第二循环	横向测试							
	纵向测试							
第三循环	横向测试							
	纵向测试							

语料测试表			
aborigines [ˌæbəˈrɪdʒəniz] 土著居民	agriculturists [ˈægrɪkʌltʃərɪsts] 农学家	artists [ˈɑːtɪsts] 艺术家	attempts [əˈtempts] 企图，尝试
authors [ˈɔːθə(r)z] 作家	barriers [ˈbærɪə(r)z] 路障，栅栏	belongings [bɪˈlɒŋɪŋz] 财产	bodies [ˈbɒdɪz] 身体
bombs [bɒmz] 炸弹	characteristics [ˌkærəktəˈrɪstɪks] 特性，特征	cinemas [ˈsɪnəməz] 电影院	considerations [kənˌsɪdəˈreɪʃnz] 考虑
controls [kənˈtrəʊls] 支配，控制	dimensions [daɪˈmenʃnz] 尺寸	dinosaurs [ˈdaɪnəsɔː(r)z] 恐龙	drums [drʌmz] 鼓
environments [ɪnˈvaɪrənmənts] 环境	exhibits [ɪgˈzɪbɪts] 展示，陈列	experts [ˈekspɜːts] 专家	flutes [fluːts] 长笛，横笛
footers [ˈfʊtə(r)z] 步行的人	guitars [gɪˈtɑː(r)z] 吉他	hardships [ˈhɑːdʃɪps] 艰难，困苦	headers [ˈhedə(r)z] 头球
hectares [ˈhekteə(r)z] 公顷	insects [ˈɪnsekts] 昆虫	intersections [ˌɪntəˈsekʃnz] 横断；交叉	landsats [ˈlændsæts] 资源卫星
locals [ˈləʊkls] 本地人	means [miːnz] 手段，方法，工具	monoliths [ˈmɒnəlɪθs] 巨型独石	operas [ˈɒpərəz] 歌剧院
outcrops [ˈaʊtkrɒps] （矿脉的）露出	painters [ˈpeɪntə(r)z] 画家	participants [pɑːˈtɪsɪpənts] 参与者	patterns [ˈpætnz] 花样，图案

pavements ['peɪvmənts] 人行道	pedestrians [pə'destrɪənz] 步行者，行人	pellets ['pelɪts] 丸，颗粒	plates [pleɪts] 盘子
practicalities [ˌpræktɪ'kælətɪz] 实际，实用性，实例	priorities [praɪ'ɒrətɪz] 优先权	relays ['riːleɪz] 回答	reviews [rɪ'vjuːz] 复审
saucers ['sɔːsə(r)z] 茶碟	scholarships ['skɒləʃɪps] 奖学金	screenings ['skriːnɪŋz] 筛屑	sculptures ['skʌlptʃə(r)z] 雕刻品，雕像
shells [ʃels] 贝壳	shifts [ʃɪfts] 转移，转换	shores [ʃɔː(r)z] 岸，海滨	species ['spiːʃiːz] 种类
spires ['spaɪə(r)z] 螺旋，螺线	spots [spɒts] 斑点，污块	subheadings [ˌsʌb'hedɪŋz] 副标题	substances ['sʌbstənsɪz] 物质
successes [sək'sesɪz] 成功	threats [θrets] 威吓，恐吓	towels ['taʊəls] 毛巾	typos ['taɪpəʊz] 排字工
units ['juːnɪts] 单元	vehicles ['viːəkls] 车辆	volcanoes [vɒl'keɪnəʊz] 火山	waiters ['weɪtə(r)z] 服务生

6.11 Cambridge 9 复数听写

Test Paper

各位同学，请先做听写练习。做完之后核对答案，并填写feedback表格。

Feedback

本次测试题目个数：94

		漏听	生词	对发音不熟悉	连读	拼写错误	大小写错误	单复数错误
第一循环	横向测试							
	纵向测试							
第二循环	横向测试							
	纵向测试							
第三循环	横向测试							
	纵向测试							

说明： Cambridge 9复数听写只有横向测试，没有纵向测试。

<table>
<tr><th colspan="4">语料测试表</th></tr>
<tr><td>acres
['eɪkə(r)z]
英亩</td><td>apartments
[ə'pɑːtmənts]
公寓</td><td>architects
['ɑːkɪtekts]
建筑师</td><td>assignments
[ə'saɪnmənts]
作业</td></tr>
<tr><td>autographs
['ɔːtəgrɑːfs]
亲笔签名</td><td>benefits
['benɪfɪts]
优点</td><td>branches
[brɑːntʃɪz]
分支</td><td>bulbs
[bʌlbz]
白炽灯</td></tr>
<tr><td>chemicals
['kemɪkls]
化学物质</td><td>colloquialisms
[kə'ləʊkwɪəlɪzəmz]
口语</td><td>congratulations
[kənˌgrætʃʊ'leɪʃnz]
祝贺</td><td>creatures
['kriːtʃə(r)z]
生物</td></tr>
<tr><td>credits
['kredɪts]
信用</td><td>customers
['kʌstəmə(r)z]
顾客</td><td>cuttings
['kʌtɪŋz]
简报，剪辑</td><td>decisions
[dɪ'sɪʒnz]
决定</td></tr>
<tr><td>departments
[dɪ'pɑːtmənts]
系，部门</td><td>descriptions
[dɪ'skrɪpʃnz]
描述</td><td>designs
[dɪ'zaɪnz]
设计</td><td>details
['diːteɪls]
细节</td></tr>
<tr><td>dispensaries
[dɪ'spensərɪz]
药房</td><td>dissertations
[ˌdɪsə'teɪʃnz]
论文</td><td>dolphins
['dɒlfɪnz]
海豚</td><td>economies
[ɪ'kɒnəmɪz]
经济</td></tr>
<tr><td>energies
['enədʒɪz]
能源</td><td>entrants
['entrənts]
参加者</td><td>experiments
[ɪk'sperɪmənts]
实验</td><td>experts
['ekspɜːts]
专家</td></tr>
<tr><td>facilities
[fə'sɪlətɪz]
设施</td><td>factors
['fæktə(r)z]
因素</td><td>features
['fiːtʃə(r)z]
特点</td><td>fixtures
['fɪkstʃə(r)z]
体育活动</td></tr>
<tr><td>go-karts
['gəʊkɑːts]
卡丁车</td><td>hawks
[hɔːks]
鹰</td><td>hedges
[hedʒɪz]
树篱</td><td>herbs
[hɜːbz]
草药</td></tr>
<tr><td>injuries
['ɪndʒərɪz]
受伤</td><td>insects
['ɪnsekts]
昆虫</td><td>journals
['dʒɜːnls]
学术期刊</td><td>lamps
[læmps]
灯</td></tr>
</table>

locations [ləʊ'keɪʃnz] 地点	locomotives [ˌləʊkə'məʊtɪvz] 机车	mammals ['mæmls] 哺乳动物	managers ['mænɪdʒə(r)z] 经理
markets ['mɑːkɪts] 市场	materials [mə'tɪərɪəls] 材料	medicals ['medɪkls] 医疗	memos ['meməʊz] 备忘录
mirrors ['mɪrə(r)z] 镜子	networks ['netwɜːks] 网络	observations [ˌɒbzə'veɪʃnz] 观察	occupants ['ɒkjəpənts] 占据者
options ['ɒpʃnz] 选择	organisations [ˌɔːgənaɪ'zeɪʃnz] 组织	parasites ['pærəsaɪts] 寄生虫	pillows ['pɪləʊz] 枕头
pizzas ['piːtsəz] 比萨饼	preferences ['prefrənsɪz] 喜好	priorities [praɪ'ɒrətɪz] 优先权	procedures [prə'siːdʒə(r)z] 过程
professionals [prə'feʃənls] 专业人士	projects ['prɒdʒekts] 项目	pupils ['pjuːpls] 学生	purposes ['pɜːpəsɪz] 目的
qualities ['kwɒlətɪz] 质量	radiators ['reɪdɪeɪtə(r)z] 散热器	recommendations [ˌrekəmen'deɪʃnz] 推荐	referees [ˌrefə'riːz] 证明人
references ['refrənsɪz] 参考书目	refreshments [rɪ'freʃmənts] 零食小吃	researchers [rɪ'sɜːtʃ(r)z] 研究者	resources [rɪ'sɔːsɪz] 资源
restaurants ['restrɒnts] 餐厅	sales [seɪls] 销售	samples ['sɑːmpls] 样本	semesters [sɪ'mestə(r)z] 学期
sessions ['seʃnz] 课程时间	souvenirs [ˌsuːvə'nɪə(r)z] 纪念品	species ['spiːʃiːz] 物种	storeys ['stɔːrɪz] 楼层

strandings [strændɪŋz] （海豚）搁浅	strategies ['strætədʒɪz] 策略	techniques [tek'niːks] 科技	textbooks ['tekstbʊks] 教材
theories ['θɪərɪz] 理论	tiles [taɪls] 瓦	toxins ['tɒksɪnz] 有毒物质	tunnels ['tʌnls] 隧道
tutorials [tjuː'tɔːrɪəls] 小组讨论	vacancies ['veɪkənsɪz] 空缺	values ['væljuːz] 价值	visitors ['vɪzɪtə(r)z] 访客
whales [weɪls] 鲸鱼	willows ['wɪləʊz] 柳树		

Chapter 7

雅思听力拼写语料库

IELTS

本部分主要训练雅思听力测试中长单词、容易拼写错的单词。有的单词因为带双写，学生容易出错。有的单词是受发音影响，学生容易记错。因此这部分语料被称为“雅思听力拼写语料库”。要掌握好这些语料，分为4步：

第1步，横向测试训练：先做测试，然后对照答案评估测试结果。这部分由英音正常速度朗读。重点解决考生“不熟悉”和“记录慢”这两种常见问题。

第2步，纵向测试训练：在第1步的基础上利用原来的测试材料重新测试，只是语音有所改变。特殊语料由带有一定口音的Voice Actors朗读。朗读速度较快。重点训练考生熟悉语音和快速反应。

第3步，魔鬼跟读：在雅思听力中，Hallie提倡“魔鬼跟读法”。考生要充分适应自己不熟悉的语音和不熟悉的表述方式。而在口语中，Hallie提倡“自然跟读法”，就是要使自己的口语尽量字正腔圆，不会让考官产生歧义（详见本系列图书中的“口语语料库”）。

第4步，超越语料：语料来自于我们的实际应用，属于每一位考生，属于每一位为理想而奋斗的人。听力语料对雅思口语也有很好的借鉴作用，因此，需要考生认真掌握。

考生不要先看答案，而是要先进行听音训练。

在听音训练之后，再对照答案寻找差距。

7.1 语料训练方法（5）

缩写单词

这是由Hallie在听力教学和雅思实战中总结出来的卓有成效的应试策略。很多单词较长，在听的过程中可以用缩写表示，最后在誊写答案的时候再完成细节。比如accommodation可以用A来表示。

考生可以养成自己独特的缩写习惯。

双写单词

有些单词因为有双写现象，很多考生容易丢落字母，造成拼写错误。所以，凡涉及双写的单词，要给予关注。

发音语料

有些单词由于有不发音的字母，考生在记忆过程中容易出错。

语法语料

有些语料在拼写过程中容易出错，是因为语法现象造成的。

7.2 Abbreviation 缩写

在平时记单词的时候，长单词也许会让考生感到头痛，但是经过总结和比对，发现真正特别长的单词并不多。

这些单词可以通过缩写在考试中提升速度。比如accommodation可以缩写为A。▲为推荐缩写。

Test Paper

各位同学，请先做听写练习。做完之后核对答案，并填写feedback表格。

Feedback

本次测试题目个数：127

		漏听	生词	对发音不熟悉	连读	拼写错误	大小写错误	单复数错误
第一循环	横向测试							
	纵向测试							
第二循环	横向测试							
	纵向测试							
第三循环	横向测试							
	纵向测试							

A

abbreviation [əˌbriːvɪ'eɪʃn] *n.* 缩写

▲ accommodation [əˌkɒmə'deɪʃn] *n.* 住宿

accountancy [ə'kaʊntənsɪ] *n.* 会计学

acknowledgement [ək'nɒlɪdʒmənt] *n.* 鸣谢

administrator [əd'mɪnɪstreɪtə(r)] *n.* 管理者

advertisement [əd'vɛːtɪsmənt] *n.* 广告

announcement [ə'naʊnsmənt] *n.* 宣布

apostrophe [ə'pɒstrəfɪ] *n.* 右上角省略号

B

▲ bibliography [ˌbɪblɪ'ɒgrəfɪ] *n.* 参考书目

biographies [baɪ'ɒgrəfɪz] *n.* 传记片

C

circulation [ˌsɜːkjə'leɪʃn] *n.* 交流

commonsense ['kɒmən'sens] *adj.* 有常识的

▲ communication [kəˌmjuːnɪ'keɪʃn] *n.* 交流

composition [ˌkɒmpə'zɪʃn] *n.* 组成部分，作文

compulsory [kəm'pʌlsərɪ] *adj.* 必修的

concentration [ˌkɒnsn'treɪʃn] *n.* 集中

conference ['kɒnfərəns] *n.* 正式会议

contaminant [kən'tæmɪnənt] *n.* 污染物

curriculum [kə'rɪkjələm] *n.* 课程，课程表

D

declaration [ˌdeklə'reɪʃn] *n.* 宣告

▲ decoration [ˌdekə'reɪʃn] *n.* 装修，装饰

dedication [ˌdedɪ'keɪʃn] *n.* 奉献

deteriorate [dɪ'tɪərɪəreɪt] *v.* 恶化

documentation [ˌdɒkjʊmen'teɪʃn] *n.* 证据，证明材料

drowsiness [draʊzɪnɪs] *n.* 睡意

E

educational [ˌedʒʊ'keɪʃənl] *adj.* 教育的

elementary [ˌelɪ'mentrɪ] *adj.* 初级的

emergency [ɪ'mɜːdʒənsɪ] *n.* 紧急

▲ entertainment [ˌentə'teɪnmənt] *n.* 娱乐

enthusiasm [ɪn'θjuːzɪæzəm] *n.* 热情

environment [ɪn'vaɪrənmənt] *n.* 环境

evolution [ˌiːvə'luːʃn] *n.* 进化

expansion [ɪk'spænʃn] *v.* 扩充

expectancy [ɪk'spektənsɪ] *n.* 期待

expenditure [ɪk'spendɪtʃə(r)] *n.* 经费

F

▲ frequency ['friːkwənsɪ] *n.* 频率

fundamental [ˌfʌndə'mentl] *adj.* 基本的

G

geographical [ˌdʒɪə'græfɪkl] *adj.* 地理学的

▲ government ['gʌvənmənt] *n.* 政府

gymnastics [dʒɪm'næstɪks] *n.* 体操

H

▲ hamburger ['hæmbɜːgə(r)] *n.* 汉堡包

hazardous ['hæzədəs] *adj.* 冒险的，危险的

headphones ['hedfəʊnz] *n.* 耳机

herbivorous [hɜː'bɪvərəs] *adj.* 食草的

I

ignorance ['ɪgnərəns] *n.* 无知

inadequate [ɪn'ædɪkwət] *adj.* 不足的

incorrect [ˌɪnkə'rekt] *adj.* 不正确的

independence [ˌɪndɪ'pendəns] *n.* 独立

informative [ɪn'fɔːmətɪv] *adj.* 通知的，有信息的

infrastructure ['ɪnfrəstrʌktʃə(r)] *n.* 基础设施

injunction [ɪn'dʒʌŋkʃn] *n.* 命令

intelligence [ɪn'telɪdʒəns] *n.* 智力

interaction [ˌɪntər'ækʃn] *n.* 互动

▲ intermediate [ˌɪntə'miːdɪət] *adj.* 中级的

interpersonal [ˌɪntə'pɜːsənl] *adj.* 人际关系的

intervention [ˌɪntə'venʃn] *n.* 干涉

interviewee [ˌɪntəvjuː'iː] *n.* 受访者

investigation [ɪnˌvestɪ'geɪʃn] *n.* 调查

J

▲ journalist ['dʒɜːnəlɪst] *n.* 记者

K

▲ kangaroo [ˌkæŋgə'ruː] *n.* 袋鼠

kaleidoscope [kə'laɪdəskəʊp] *n.* 万花筒

L

▲ literature ['lɪtərətʃə] *n.* 文学

logistical [lə'dʒɪstɪkl] *adj.* 物流的

M

magnificent [mæg'nɪfɪsnt] *adj.* 华丽的

maintenance ['meɪntənəns] *n.* 维护

▲ management ['mænɪdʒmənt] *n.* 管理

mathematics [ˌmæθə'mætɪks] *n.* 数学

Melbourne ['melbən] *n.* 墨尔本

monologue ['mɒnəlɒg] *n.* 独白

mosquito [mə'skiːtəʊ] *n.* 蚊子

N

▲ nationality [ˌnæʃə'nælətɪ] *n.* 国籍

navigation [ˌnævɪ'geɪʃn] *n.* 航海

neighbouring ['neɪbərɪŋ] *adj.* 邻居的

newsreel ['njuːzriːl] *n.* 新闻片，纪录片

O

objective [əb'dʒektɪv] *adj.* 客观的

observation [ˌɒbzə'veɪʃn] *n.* 观察

occasion [ə'keɪʒn] *n.* 场合

occupation [ˌɒkjʊ'peɪʃn] *n.* 职业

▲ opportunity [ˌɒpə'tjuːnətɪ] *n.* 机会

orientation [ˌɔːrɪən'teɪʃn] *n.* 新生入学教育会

P

painkiller ['peɪnkɪlə(r)] *n.* 止痛片

penicillin [ˌpenɪ'sɪlɪn] *n.* 盘尼西林

pensioner ['penʃənə(r)] *n.* 领退休金者

percentage [pə'sentɪdʒ] *n.* 百分比

▲ performance [pə'fɔːməns] *n.* 表现，表演

photocopy ['fəʊtəʊkɒpɪ] *n.* 影印，复印

photojournalism [ˌfəʊtəʊ'dʒɜːnəlɪzəm] *n.* 摄影新闻学

pneumonia [njʊ'məʊnɪə] *n.* 肺炎

population [ˌpɒpjʊ'leɪʃn] *n.* 人口

psychiatric [ˌsaɪkɪ'ætrɪk] *adj.* 精神病的

psycholinguistics [ˌsaɪkəʊlɪŋ'gwɪstɪks] *n.* 心理语言学

psychological [ˌsaɪkə'lɒdʒɪkl] *adj.* 心理的

Q

qualification [ˌkwɒlɪfɪ'keɪʃn] *n.* 资格

▲ questionnaire [ˌkwestʃə'neə(r)] *n.* 问卷

R

receptionist [rɪ'sepʃənɪst] *n.* 接待员

recommendation [ˌrekəmen'deɪʃn] *n.* 推荐

recreation [ˌrekrɪ'eɪʃn] *n.* 娱乐

refreshment [rɪ'freʃmənt] *n.* 饮料

refrigerator [rɪ'frɪdʒəreɪtə(r)] *n.* 冰箱

representative [ˌreprɪ'zentətɪv] *n.* 代表

requirement [rɪ'kwaɪəmənt] *n.* 要求

resistance [rɪ'zɪstəns] *n.* 抵抗

▲ responsibility [rɪˌspɒnsə'bɪlətɪ] *n.* 责任

S

satisfaction [ˌsætɪs'fækʃn] *n.* 满意

secondary ['sekəndrɪ] *adj.* 第二的

sophomore ['sɒfəmɔː(r)] *n.* 大二学生

▲ souvenir [ˌsuːvə'nɪə(r)] *n.* 纪念品

specialized ['speʃəlaɪzd] *adj.* 特别的，专门的

systematic [ˌsɪstə'mætɪk] *adj.* 系统的

T

technique [tek'niːk] *n.* 技术

▲ temperature ['temprətʃə(r)] *n.* 温度

theoretical [ˌθɪə'retɪkl] *adj.* 理论的，理论上的

transportation [ˌtrænspɔː'teɪʃn] *n.* 运费，运送，运输，流放

U

unanimous [jʊ'nænɪməs] *adj.* 意见一致的

uncomfortable [ʌn'kʌmftəbl] *adj.* 不舒服的

unconvincing [ˌʌnkən'vɪnsɪŋ] *adj.* 没有说服力的

▲ undergraduate [ˌʌndə'grædʒʊət] *n.* 本科生

underground ['ʌndəgraʊnd] *adj.* 地下的

unemployment [ˌʌnɪm'plɔɪmənt] *n.* 失业

V

▲ vegetarian [ˌvedʒə'teərɪən] *n.* 素食主义者

verbalization [ˌvəːbəlaɪ'zeɪʃən] *n.* 冗长

videotape ['vɪdɪəʊteɪp] *n.* 录像带

vocabulary [və'kæbjələrɪ] *n.* 词汇

W

Washington ['wɒʃɪŋtən] *n.* 华盛顿

▲ waterproof ['wɔːtəpruːf] *adj.* 防水的

westerner ['westənə(r)] *n.* 西方人

Wollongong ['wʊləngɔŋ] *n.* 卧龙岗

7.3 Pronunciation 发音

Test Paper

各位同学，请先做听写练习。做完之后核对答案，并填写feedback表格。

Feedback

本次测试题目个数：54

		漏听	生词	对发音不熟悉	连读	拼写错误	大小写错误	单复数错误
第一循环	横向测试							
	纵向测试							
第二循环	横向测试							
	纵向测试							
第三循环	横向测试							
	纵向测试							

achievement [ə'tʃiːvmənt] *n.* 成功	orientation [ˌɔːrɪən'teɪʃn] *n.* 新生入学教育
administrator [əd'mɪnɪstreɪtə(r)] *n.* 管理者	Forbes ['fɔːbɪs] *n.* 福布斯
aisle [aɪl] *n.* 过道	vehicle ['viːəkl] *n.* 车辆
guidance ['gaɪdns] *n.* 指导	guitar [gɪ'tɑː(r)] *n.* 吉他
maintenance ['meɪntənəns] *n.* 维护	disturbance [dɪ'stɜːbəns] *n.* 打扰
librarian [laɪ'breərɪən] *n.* 图书管理员	vegetarian [ˌvedʒə'teərɪən] *n.* 素食主义者
grant [grɑːnt] *n.* 助学金	advantage [əd'vɑːntɪdʒ] *n.* 优势
wretched ['retʃɪd] *adj.* 废弃的	writer ['raɪtə(r)] *n.* 作家
ambiguous [æm'bɪgjʊəs] *adj.* 有歧义的	linguistics [lɪŋ'gwɪstɪks] *n.* 语言学
hoarse [hɔːs] *adj.* 嘶哑的	coarse [kɔːs] *adj.* 粗糙的

dedicate ['dedɪkeɪt] *v.* 奉献	delegation [ˌdelɪ'geɪʃn] *n.* 代表团
malaria [mə'leərɪə] *n.* 疟疾	Malaysia [mə'leɪʒə] *n.* 马来西亚
fabric ['fæbrɪk] *n.* 纺织品	February ['februərɪ] *n.* 二月
ascending [ə'sendɪŋ] *adj.* 上升的	psychiatric [ˌsaɪkɪ'ætrɪk] *adj.* 精神病的
knight [naɪt] *n.* 骑士，封爵	Wednesday ['wenzdeɪ] *n.* 星期三
rehearsal [rɪ'hɜːsl] *n.* 演习，彩排	utensils [juː'tensls] *n.* 器皿
diploma [dɪ'pləʊmə] *n.* 毕业证书	genetic [dʒə'netɪk] *adj.* 遗传的
distant ['dɪstənt] *adj.* 远的	distribution [ˌdɪstrɪ'bjuːʃn] *n.* 分布
archaeological [ˌɑːkɪə'lɒdʒɪkl] *adj.* 考古学的	intelligence [ɪn'telɪdʒəns] *n.* 智力
barbecue ['bɑːbɪkjuː] *n.* 烧烤	Tuesday ['tjuːzdeɪ] *n.* 星期二

fridge [frɪdʒ] *n.* 冰箱	height [haɪt] *n.* 高度
fever ['fiːvə(r)] *n.* 发烧	helmet ['helmɪt] *n.* 头盔
brochure ['brəʊʃə(r)] *n.* 小册子	tutorial [tjuː'tɔːrɪəl] *n.* 由导师带领的小组讨论
fraud [frɔːd] *n.* 诈骗，假货	insurance [ɪn'ʃʊərəns] *n.* 保险
laboratory [lə'bɒrətrɪ] *n.* 实验室	Yen [jen] *n.* 日元
develop [dɪ'veləp] *v.* 发展	envelope ['envələʊp] *n.* 信封
during ['djʊərɪŋ] *prep.* 在……的整个期间	Duke [djuːk] *n.* 公爵

*clothes: 要注意最后没有单独[z]的发音。

*tutorial: tu放在一起的词，如tutor, tube和Tuesday，第一个音节不要读成[tjuː]，即使音标是这么写的，也要读成 [djuː]。

*during和duke的第一个音节读成 [dʒ]，不是[djʊ]。

*record: 一共有三种读音：['rekɔːd, 'rekərd, rɪ'kɔːd]。

7.4 Grammar 语法错觉

Test Paper

各位同学，请先做听写练习。做完之后核对答案，并填写feedback表格。

Feedback

本次测试题目个数：11

		漏听	生词	对发音不熟悉	连读	拼写错误	大小写错误	单复数错误
第一循环	横向测试							
	纵向测试							
第二循环	横向测试							
	纵向测试							
第三循环	横向测试							
	纵向测试							

1. 不可丢掉的s

linguistics [lɪŋ'gwɪstɪks] *n.* 语言学

politics ['pɒlətɪks] *n.* 政治

statistics [stə'tɪstɪks] *n.* 统计学（专业）

mathematics [ˌmæθə'mætɪks] *n.* 数学（专业）

2. 语法变化后的字母

arts [ɑːts] *n.* 文科（必须用复数）

studies ['stʌdɪz] *n.* 学科（如果是门学科，肯定要用复数）

banking ['bæŋkɪŋ] *n.* 银行学

city's expansion 城市扩张（这里一定要写成city's，而不是cities）

advanced [əd'vɑːnst] *adj.* 高级的（"d"很难听出来）

detailed ['diːteɪld] *adj.* 细节的（"d"很难听出来）

overseas [ˌəʊvə'siːz] *adj.* 海外的（必须加s）

Chapter 8

雅思听力

生存语料库

IELTS

本部分主要训练雅思听力测试中最基础的技能。包括数字、字母、钱数、地址等。这些语料是雅思考试中的传统项目，也是多数中国考生只要经过训练就一定能得分的项目，因此被称为“雅思听力生存语料库”。要掌握好这些语料，分为4步：

第1步，横向测试训练：先做测试，然后对照答案评估测试结果。这部分由英音正常速度朗读。重点解决考生“不熟悉”和“记录慢”这两种常见问题。

第2步，特殊语料训练：在第1步的基础上利用原来的测试材料重新测试，只是语音有所改变。特殊语料由带有一定口音的Voice Actors朗读。朗读速度较快。重点训练考生熟悉语音和快速反应。

第3步，魔鬼跟读：在雅思听力中，Hallie提倡“魔鬼跟读法”。考生要充分适应自己不熟悉的语音和不熟悉的表述方式。而在口语中，Hallie提倡“自然跟读法”，就是要使自己的口语尽量字正腔圆，不会让考官产生歧义（详见本系列图书中的“口语语料库”）。

第4步，超越语料：语料来自于我们的实际应用，属于每一位考生，属于每一位为理想而奋斗的人。听力语料对雅思口语也有很好的借鉴作用，因此，需要考生认真掌握。

考生不要先看答案，而是要先进行听音训练。

在听音训练之后，再对照答案寻找差距。

8.1 语料训练方法（6）

魔鬼跟读法

这是由Hallie独创的听力训练方法，主要克服的是口音问题。英语没有标准普通话，因此在实际的听说交流过程中，甚至在雅思听力考试中，我们听到的语音往往是带有一定口音的。很多人会不适应口音，进而影响理解。所谓的魔鬼跟读法就是跟读自己最不适应的语音，让自己的耳朵具有更强的“抵抗力”。这样，在考场上不会受到口音的困扰。魔鬼跟读语料是魔鬼跟读法的基础训练。

点式听力法

这也是Hallie独创的听力训练方法。在雅思考试甚至在任何一种听说交流的过程中，考生或者听众能捕捉到，并且能记住的信息有三个特点：（1）能捕捉到的往往是一些细节信息，而非完整句子；（2）带有一定的语音特点；（3）连续不断，不会因为你没听清楚而暂停。因此，需要考生在备考过程中，不使用暂停键，重点听核心语料。

联想对对碰

这是一种传统的记单词方法，被Hallie改造了一下。记单词的时候，最好是将有一定相关性的单词放在一起记忆。在听写的时候单词之间还可以对比语音差异。

8.2 Number 数字

在开始本部分训练之前，先听CD中的数字部分练习。然后对照“练习答案”，发现自己在数字上的训练差距。同时跟读语料，作为“魔鬼跟读法”的基础训练。

Test Paper 1

各位同学，请先做听写练习。做完之后核对答案，并填写feedback表格。

Feedback

本次测试题目个数：18

		漏听	生词	对发音不熟悉	连读	拼写错误	大小写错误	单复数错误
第一循环	横向测试							
	特殊语料							
第二循环	横向测试							
	特殊语料							
第三循环	横向测试							
	特殊语料							

Answers

答案	魔鬼跟读基本语料文本
6212 6611	six two one two, double six double one
2324 668	two three two four, double six eight
637 33 573	six three seven, double three, five seven three
8118 0470	eight double one eight, or four seven or
2228 5579	triple two eight, double five seven nine
5879 1080	five eight seven nine, one or eight or
888 9939	triple eight, double nine three nine
8347 6511	eight three four seven, six five double one
8228 4888	eight double two eight, four triple eight
6367 812	six three six seven, eight one two
865 7765	eight six five, double seven six five
7338	seven double three eight
7901000	seven nine or, one thousand
889740	double eight nine, seven four or
3303845020456837	three three or three, eight four five or, two or four five, six eight three seven
9928 1444	double nine two eight, fourteen double four
329078764401289	three two nine or, seven eight seven six, double four or one, two eight double nine
84635550	eight four six three, triple five or

解释说明

在雅思考试中经常出现一些特别的数字读法，请大家特别注意。

答案	魔鬼跟读基本语料文本
250,000	a quarter of a million
500,000	half a million
1,000,000	a million
15 minutes	a quarter of an hour
176	one seventy-six
7901000	（电话号码中可以读作）seven nine o one thousand（数字0读成英文字母o）
1600	sixteen hundred
0.6	point six, 或者nought (naught) point six

Test Paper 2

各位同学，请先做听写练习。做完之后核对答案，并填写feedback表格。

Feedback

本次测试题目个数：10

		漏听	生词	对发音不熟悉	连读	拼写错误	大小写错误	单复数错误
第一循环	横向测试							
	特殊语料							
第二循环	横向测试							
	特殊语料							
第三循环	横向测试							
	特殊语料							

Answers

答案	魔鬼跟读基本语料文本
020 7222 1324	or two or, seven triple two, one three two four
68035	six eight or three five
084 5330 9876	or eight four, five double three or, nine eight seven six
020 7505 9000	or two or, seven five or five, nine thousand
084 5783 4548	or eight four, five seven eight three, four five four eight
0300 123 2350	or three hundred, one two three, two three five or
080 0405 0409	or eight or, or four or five, or four or nine
084 5000 2222	or eight four, five thousand, double two double two
0800 783 4524	or eight double or, seven eight three, four five two four
8722 004 950	eight seven double two, double or four, nine five or

Test Paper 3

各位同学，请先做听写练习。做完之后核对答案，并填写feedback表格。

Feedback

本次测试题目个数：21

		漏听	生词	对发音不熟悉	连读	拼写错误	大小写错误	单复数错误
第一循环	横向测试							
	特殊语料							
第二循环	横向测试							
	特殊语料							
第三循环	横向测试							
	特殊语料							

Answers

答案	魔鬼跟读基本语料文本
8748 1797	eight seven four eight, one seven nine seven
6880 5008	six double eight or, five double or eight
3770 5001	three double seven or, five double or one
9339 5016	nine double three nine, five or one six
6330 5178 5006	six three three or, five one seven eight, five double or six
6440 5011	six double four or, five or double one
7050 225 015	seven or five or, double two five, or one five
7705 037	double seven or five, or three seven
6770 5049	six double seven or, five or four nine
7705 053	seven seven or five, or five three
6770 5172	six double seven or, five one seven two
65193	six five one nine three
6770 5020	six double seven or, five or two or
10016 4603	one double or one six, four six or three
6770 5256	six double seven or, five two five six
6285 1001 3495	six two eight five, one double or one, three four nine five
72968 9336	seven two nine six eight, nine double three six
6100 1654	six one double or, one six five four
5710 0163	five seven one or, or one six three
042 100 1624	or four two, one hundred, one six two four
5010 016 4796	five or one or, or one six, four seven nine six

Test Paper 4

各位同学，请先做听写练习。做完之后核对答案，并填写feedback表格。

Feedback

本次测试题目个数：17

		漏听	生词	对发音不熟悉	连读	拼写错误	大小写错误	单复数错误
第一循环	横向测试							
	特殊语料							
第二循环	横向测试							
	特殊语料							
第三循环	横向测试							
	特殊语料							

Answers

答案	魔鬼跟读基本语料文本
541 415 3895	five four one, four one five, three eight nine five
599 100 1489	five double nine, one double or, one four eight nine
6210 015 4605	six two one or, or one five, four six or five
10016 7436	one double or one six, seven four three six
64559	six four double five nine
49802 7192	four nine eight or two, seven one nine two
969 3776	nine six nine, three double seven six
58072	five eight or seven two
164 6031	one six four, six or three one
6285 4495	six two eight five, double four nine five
7296 893 3661	seven two nine six, eight nine three, three double six one
65 457 6304	six five, four five seven, six three or four
2624 5164 7961	two six two four, five one six four, seven nine six one
6541 415 389 5599	six five four one, four one five, three eight nine, double five double nine
48962 1154 6051	four eight nine six two, double one five four, six or five one
674 366 4559	six seven four, three double six, four double five nine
6498 0100 1427	six four nine eight, or one double or, one four two seven

Test Paper 5

各位同学，请先做听写练习。做完之后核对答案，并填写feedback表格。

Feedback

本次测试题目个数：14

		漏听	生词	对发音不熟悉	连读	拼写错误	大小写错误	单复数错误
第一循环	横向测试							
	特殊语料							
第二循环	横向测试							
	特殊语料							
第三循环	横向测试							
	特殊语料							

Answers

答案	魔鬼跟读基本语料文本
1929 6937 7661 0015 8072	one nine two nine, six nine three seven, seven double six one, double or one five, eight or seven two
645 7789	six four five, double seven eight nine
52615 6263	five two six one five, six two six three
7050 555 159	seven or five or, triple five, one five nine
6468 3473 6438 3236	six four six eight, three four seven three, six four three eight, three two three six
6468 4489 6469 8110	six four six eight, double four eight nine, six four six nine, eight double one or
6439 4176 6464 8038	six four three nine, four one seven six, six four six four, eight or three eight
6439 3005 6464 8040	six four three nine, three double or five, six four six four, eight or four or
6439 3120 6770 5196	six four three nine, three one two or, six double seven or, five one nine six
5157 5171 6439 0402	five one five seven, five one seven one, six four three nine, or four or two
5155 6469 4541 4411	five one double five, six four six nine, four five four one, double four double one
5118 6411 2255 2550	five double one eight, six four double one, double two double five, two double five or
4132 5441 1087 5255	four one three two, five double four one, one or eight seven, five two double five
4322 4611 0088 2255	four three double two, four six double one, double or double eight, double two double five

8.3 Letters & Numbers 字母和数字

在开始本部分训练之前，先听CD中的字母部分练习。然后对照“练习答案”，发现自己在字母上的训练差距。同时跟读语料，作为“魔鬼跟读法”的基础训练。

Test Paper 1

各位同学，请先做听写练习。做完之后核对答案，并填写feedback表格。

Feedback

本次测试题目个数：18

		漏听	生词	对发音不熟悉	连读	拼写错误	大小写错误	单复数错误
第一循环	横向测试							
	特殊语料							
第二循环	横向测试							
	特殊语料							
第三循环	横向测试							
	特殊语料							

Answers

答案	魔鬼跟读基本语料文本
Groucho's	GROUCHO apostrophe S
Braddle	BRA double D LE
Keiko Yuichini	KEIKO YUICHINI
Anu Bhatt	ANU BHA double T
Cotehele	COTEHELE
Sable	SABLE
Urwin	URWIN
HWLLS	HW double L S
Northwaite	NORTHWAITE
Rogala	ROGALA
Wright	WRIGHT
Ludlow	LUDLOW
Whitworth	WHITWORTH
Cuooper	CU double O PER
Hewitt	HEWI double T
pk2@cat.com	PK two at cat dot com. Cat is the animal.
helpline@blackcat.com	helpline at black cat dot com; helpline that's one word. Black is the color. Cat is the animal.
J. Whitton	My initial* is J. and my surname is Whitton. WHI double TON.

*initial是首字母的意思。例如：

My initial is J .

My name is Jay.

这里要注意，J和Jay的读音都一样，所以要听清楚问的是首字母还是名字。

Test Paper 2

各位同学，请先做听写练习。做完之后核对答案，并填写feedback表格。

Feedback

本次测试题目个数：10

		漏听	生词	对发音不熟悉	连读	拼写错误	大小写错误	单复数错误
第一循环	横向测试							
	特殊语料							
第二循环	横向测试							
	特殊语料							
第三循环	横向测试							
	特殊语料							

Answers

答案	魔鬼跟读基本语料文本
AL2980	AL two nine eight or
201A	two or one A
Q493Z	Q four nine three Z
PL239PU	PL twenty-three nine PU
TF274Q5	TF twenty-seven four Q five
CX192RU	CX nineteen two RU
JO6337	JO six double three seven
BG241DJ	BG twenty-four one DJ
WS62YH	WS sixty-two YH
SH121LQ	SH one twenty-one LQ

Test Paper 3

各位同学，请先做听写练习。做完之后核对答案，并填写feedback表格。

Feedback

本次测试题目个数：8

		漏听	生词	对发音不熟悉	连读	拼写错误	大小写错误	单复数错误
第一循环	横向测试							
	特殊语料							
第二循环	横向测试							
	特殊语料							
第三循环	横向测试							
	特殊语料							

Answers

答案	魔鬼跟读基本语料文本
PO Box 64328	PO Box six four three two eight
SE1P5FD	SE one P five FD
EC1A7JA	EC one A seven JA
btp.police.uk	BTP dot police dot UK
southeasternrailway.co.uk	southeastern railway dot CO dot UK
nationalrail.co.uk	nationalrail dot CO dot UK
nbts@yahoo.com	NBTS at yahoo dot com
enquiries@travel.com	enquiries at travel dot com

8.4 Units 钱数

Test Paper

各位同学，请先做听写练习。做完之后核对答案，并填写feedback表格。

Feedback

本次测试题目个数：5

		漏听	生词	对发音不熟悉	连读	拼写错误	大小写错误	单复数错误
第一循环	横向测试							
	特殊语料							
第二循环	横向测试							
	特殊语料							
第三循环	横向测试							
	特殊语料							

Answers

cash	cheque/check	credit card
bank transfer	post	phone
pound	pence	penny
pennies	dollar	cent
Euro	Yen	Australian dollars

★雅思考试中常用的付款方式

考生见到了pay by, 就要预测出后面的词汇。应该是

- cash 现金
- cheque=check 支票
- credit card 信用卡
- bank transfer 银行转账
- post 邮寄
- phone 电话

★雅思考试中常用的货币种类

- pound 英镑
- pence 便士（本身就是复数名词）
- penny 便士（单数名词）
- pennies 便士（penny的复数形式）
- dollar 美元
- cent 美分
- Euro 欧元（单复数形式相同）
- Yen 日元
- Australian dollars 澳元

特别笔记方法：

在听力过程中，如果按照普通方法记录钱数和时间，反应会比较慢。可以尝试用以下方法来加快速度：

（1）如果听见了seventeen pounds fifty, 为了提高记录的速度，可以写成 17p50，然后在抄写答案的时候，改成£17.50。

（2）如果听见了three dollars ninety-nine，为了提高记录的速度，可以写成 3d99，然后在抄写答案的时候，改成$ 3.99。

★时间符号

如果听见了a quarter to eight， 为了提高记录的速度，可以写成1t8，然后在抄写答案的时候，写成7:45。（雅思考试中最好写成7.45）

如果听见了 three quarters past six，为了提高记录的速度，可以写成3p6，然后在抄写答案的时候，写成6:45。（雅思考试中最好写成6.45）

如果听见了a quarter past ten， 为了提高记录的速度，可以写成1p10，然后在抄写答案的时候，写成10:15。（雅思考试中最好写成10.15）

8.5 Addresses 地址

注意！若真听不到地址前面的数字结尾是-teen还是-ty，以-teen结尾的概率大些。例如，16、17、18比60、70、80正确的概率要大。

常见词汇听写

各位同学，请先做听写练习。做完之后核对答案，并填写feedback表格。

Feedback

本次测试题目个数：9

		漏听	生词	对发音不熟悉	连读	拼写错误	大小写错误	单复数错误
第一循环	横向测试							
	特殊语料							
第二循环	横向测试							
	特殊语料							
第三循环	横向测试							
	特殊语料							

Answers

答案	魔鬼跟读基本语料文本
Street	[striːt]
Avenue	['ævənjuː]
Road	[rəʊd]
Lane	[leɪn]
Drive	[draɪv]
University Drive	University Drive 大学的车道
Square	[skweə(r)]
House	[haʊs]
District	['dɪstrɪkt]

Test Paper 1

各位同学，请先做听写练习。做完之后核对答案，并填写feedback表格。

Feedback

本次测试题目个数：28

		漏听	生词	对发音不熟悉	连读	拼写错误	大小写错误	单复数错误
第一循环	横向测试							
	特殊语料							
第二循环	横向测试							
	特殊语料							
第三循环	横向测试							
	特殊语料							

Answers

答案	魔鬼跟读基本语料文本
17 Upland Road	seventeen Upland Road
74 North Road	seventy-four North Road
No.16 Bridge Road	No. sixteen Bridge Road
NO.18 Kays Street	No. eighteen Kays Street, KAYS
Church Road	Church Road
14 Hill Road	fourteen Hill Road
Park Street	Park Street
Green Street	Green Street
21A Eagle Road	twenty-one A Eagle Road
London E11	London E eleven
15 Station Avenue	fifteen Station Avenue
Bank House	Bank House
Gold Street	Gold Street
59 Franklyn Avenue	fifty-nine Franklyn Avenue, FRANKLYN
84 Park Road	eighty-four Park Road
11 Lake Avenue	eleven Lake Avenue
48 North Avenue	forty-eight North Avenue
27 Bank Road	twenty-seven Bank Road
6 Devon Road	six Devon Road DEVON
32 Bank Street	thirty-two Bank Street
Park Square	Park Square
Blossom Street	Blossom Street
Broad Lane	Broad Lane
Earl Street	Earl Street
Fort Street	Fort Street
Victoria Avenue	Victoria Avenue
Circus Palace	Circus Palace
Liverpool Street	Liverpool Street

Test Paper 2

各位同学，请先做听写练习。做完之后核对答案，并填写feedback表格。

Feedback

本次测试题目个数：27

		漏听	生词	对发音不熟悉	连读	拼写错误	大小写错误	单复数错误
第一循环	横向测试							
	特殊语料							
第二循环	横向测试							
	特殊语料							
第三循环	横向测试							
	特殊语料							

Answers

答案	魔鬼跟读基本语料文本
Appold Street	Appold Street APPOLD
Artillery Lane	Artillery Lane ARTILLERY
Artisan Street	Artisan Street ARTISAN
Austin Friars Square	Austin Friars Square AUSTIN FRIARS
Blomfield Street	Blomfield Street BLOMFIELD
Brushfield Avenue	Brushfield Avenue BRUSHFIELD
Bury Street	Bury Street BURY
Chamomile Street	Chamomile Street CHAMOMILE
Christopher Lane	Christopher Lane CHRISTOPHER
Clifton Square	Clifton Square CLIFTON
Cutler Street	Cutler Street CUTLER
Devonshire Square	Devonshire Square DEVONSHIRE
Drapers Gardens	Drapers Gardens DRAPERS
Eldon Street	Eldon Street ELDON
Finsbury Avenue	Finsbury Avenue FINSBURY
Goring Street	Goring Street GORING
Great Winchester Street	Great Winchester Street GREAT WINCHESTER
Lackington Street	Lackington Street LACKINGTON
Middelsex Street	Middelsex Street MIDDELSEX
New Street	New Street NEW
Outwich Street	Outwich Street OUTWICH
Pindar Street	Pindar Street PINDAR

Snowden Street	Snowden Street SNOWDEN
Spital Hospital	Spital Hospital SPITAL
Stoney Lane	Stoney Lane STONEY
Throgmorton Avenue	Throgmorton Avenue THROGMORTON
6 Middle Street	6 Middle Street MIDDLE

Test Paper 3

各位同学，请先做听写练习。做完之后核对答案，并填写feedback表格。

Feedback

本次测试题目个数：6

		漏听	生词	对发音不熟悉	连读	拼写错误	大小写错误	单复数错误
第一循环	横向测试							
	特殊语料							
第二循环	横向测试							
	特殊语料							
第三循环	横向测试							
	特殊语料							

Answers

常见地名如下:

答案	魔鬼跟读基本语料文本
Berlin	[bɜː'lɪn]
Melbourne	['melbən]
Sydney	['sɪdnɪ]
Birmingham	['bɜːmɪŋˌhæm]
Perth	[pɜːθ]
London	['lʌndən]

8.6 Dates 日期

雅思听力考试中经常出现日期的信息，请大家要特别注意。

日期的常见三种读法：

(1) the twenty second of April

(2) April the twenty second

(3) Twenty-two the fourth（雅思里特有读法）

无论考生听到的上面的哪一种，都可以写成：

22 April 或April 22，22nd April或April 22nd，22nd April或April 22nd。

如果后面出现了年代，必须在前面加一个逗号。

例如 22 April，1988

其余的写法也是相同的。

很多同学怀疑th, nd这样的角标会给分吗？请参考《剑8》的答案。肯定给分的。

Test Paper 1

各位同学，请先做听写练习。做完之后核对答案，并填写feedback表格。

Feedback

本次测试题目个数：19

		漏听	生词	对发音不熟悉	连读	拼写错误	大小写错误	单复数错误
第一循环	横向测试							
	特殊语料							
第二循环	横向测试							
	特殊语料							
第三循环	横向测试							
	特殊语料							

Answers

答案	魔鬼跟读基本语料文本
January	['dʒænjʊərɪ]
February	['febrʊərɪ]
March	[mɑːtʃ]
April	['eɪprəl]
May	[meɪ]
June	[dʒuːn]
July	[dʒʊ'laɪ]
August	['ɔːgəst]
September	[sep'tembə(r)]
October	[ɒk'təʊbə(r)]
November	[nəʊ'vembə(r)]
December	[dɪ'sembə(r)]
Monday	['mʌndeɪ]
Tuesday	['tjuːzdeɪ]
Wednesday	['wenzdeɪ]
Thursday	['θɜːzdeɪ]
Friday	['fraɪdeɪ]
Saturday	['sætədeɪ]
Sunday	['sʌndeɪ]

Test Paper 2

各位同学，请先做听写练习。做完之后核对答案，并填写feedback表格。

Feedback

本次测试题目个数：7

		漏听	生词	对发音不熟悉	连读	拼写错误	大小写错误	单复数错误
第一循环	横向测试							
	特殊语料							
第二循环	横向测试							
	特殊语料							
第三循环	横向测试							
	特殊语料							

Answers

答案	魔鬼跟读基本语料文本
1 June	June the first
13 January, 1973	January the thirteenth, nineteen seventy-three
7 July	the seventh of July
23 April	April the twenty-third
27 March, 1972	March the twenty-seventh, nineteen seventy two
12 June	the twelfth of June
23 March	March the twenty-third

Test Paper 3

各位同学，请先做听写练习。做完之后核对答案，并填写feedback表格。

Feedback

本次测试题目个数：17

		漏听	生词	对发音不熟悉	连读	拼写错误	大小写错误	单复数错误
第一循环	横向测试							
	特殊语料							
第二循环	横向测试							
	特殊语料							
第三循环	横向测试							
	特殊语料							

Answers

答案	魔鬼跟读基本语料文本
1 August	the first of August
28 June, 1957	the twenty-eighth of June, nineteen fifty seven
14 November	November the fourteenth
23 January	January the twenty-third
15 March, 1980	fifteen the third, nineteen eighty
5 November	the fifth of November
10 February	the tenth of February
1st	first
11th	eleventh
21st	twenty-first
31st	thirty-first
2nd	second
12th	twelfth
22nd	twenty-second
3rd	third
13th	thirteenth
23rd	twenty-third

考生在写时，要保证能写对。

8.7 Major 专业

Test Paper

各位同学，请先做听写练习。做完之后核对答案，并填写feedback表格。

Feedback

本次测试题目个数：44

		漏听	生词	对发音不熟悉	连读	拼写错误	大小写错误	单复数错误
第一循环	横向测试							
	特殊语料							
第二循环	横向测试							
	特殊语料							
第三循环	横向测试							
	特殊语料							

Answers

anthropology [ˌænθrəˈpɒlədʒɪ] *n.* 人类学	archaeology [ˌɑːkɪˈɒlədʒɪ] *n.* 考古学
astrology [əˈstrɒlədʒɪ] *n.* 占星术	astronomy [əˈstrɒnəmɪ] *n.* 天文学
applied science 应用科学	general science 大众科学
biology [baɪˈɒlədʒɪ] *n.* 生物学	microbiology [ˌmaɪkrəʊbaɪˈɒlədʒɪ] *n.* 微生物学
environmental science 环境科学	life science 生命科学
economics [ˌiːkəˈnɒmɪks] *n.* 经济学	economic history 经济学史
psychology [saɪˈkɒlədʒɪ] *n.* 心理学	psychological course 心理课
time management 时间管理课	money management 理财课
literature [ˈlɪtrətʃə(r)] *n.* 文学	School of Arts and Sciences 文理学院
computers [kəmˈpjuːtə(r)z] *n.* 计算机课	philosophy [fəˈlɒsəfɪ] *n.* 哲学
survival course 生存课程	stress management 压力管理课

sociology [ˌsəʊsɪ'ɒlədʒɪ] *n.* 社会学	physiology [ˌfɪzɪ'ɒlədʒɪ] *n.* 生理学
planet science 行星科学	medical science 医学
geography [dʒɪ'ɒgrəfɪ] *n.* 地理	chemistry ['kemɪstrɪ] *n.* 化学
law [lɔː] *n.* 法学，法律	photojournalism [ˌfəʊtəʊ'dʒɜːnəlɪzəm] *n.* 摄影新闻学
linguistics [lɪŋ'gwɪstɪks] *n.* 语言学	psycholinguistics [ˌsaɪkəʊlɪŋ'gwɪstɪks] *n.* 心理语言学
politics ['pɒlətɪks] *n.* 政治	history ['hɪstrɪ] *n.* 历史
physical education 体育课	PE 体育课
mathematics [ˌmæθə'mætɪks] *n.* 数学	finance ['faɪnæns] *n.* 金融学
mass media 大众传媒（专业名称）	statistics [stə'tɪstɪks] *n.* 统计学
mining ['maɪnɪŋ] *n.* 采矿	engineering [ˌendʒɪ'nɪərɪŋ] *n.* 工程学
architecture ['ɑːkɪtektʃə(r)] *n.* 建筑学	fine arts 美术

Chapter 9

雅思听力
动词语料库

IELTS

本部分主要训练雅思听力测试中少量动词。这部分语料被称为“雅思听力动词语料库”。要掌握好这些语料，分为4步：

第1步，横向测试训练：先做测试，然后对照答案评估测试结果。这部分由英音正常速度朗读。重点解决考生“不熟悉”和“记录慢”这两种常见问题。

第2步，纵向测试训练：在第1步的基础上利用原来的测试材料重新测试，只是语音有所改变。特殊语料由带有一定口音的Voice Actors朗读，朗读速度较快。重点训练考生熟悉语音和快速反应。

第3步，魔鬼跟读：在雅思听力中，Hallie提倡“魔鬼跟读法”。考生要充分适应自己不熟悉的语音和不熟悉的表述方式。而在口语中，Hallie提倡“自然跟读法”，就是要使自己的口语尽量字正腔圆，不会让考官产生歧义（详见本系列图书中的“口语语料库”）。

第4步，超越语料：语料来自于我们的实际应用，属于每一位考生，属于每一位为理想而奋斗的人。听力语料对雅思口语也有很好的借鉴作用，因此，需要考生认真掌握。

考生不要先看答案，而是要先进行听音训练。

在听音训练之后，再对照答案寻找差距。

9.1 语料训练方法（7）

动词

考生在做题之前，先要利用听指南的时间对答案的内容进行预判，然后有针对性地辨别录音中的信息。

熟悉词性，对于考生捕捉正确答案有很大帮助。

横向测试

这是Hallie独创的听力训练方法。在语料测试表里，横向语料往往在形态、语义、语音等很多方面有相似之处。考生可以方便记忆，同时可以辨别语料间的差异。横向测试中，语料的朗读主要以英音为主。

纵向测试

这也是Hallie独创的听力训练方法。在语料测试表里，纵向语料在形态、语义、语音等很多方面存在较大差异。考生可以在“无提示”状态下通过语音单独测试自己对语料的掌握水平。纵向测试中，语料的朗读以澳音和印度音为主。

9.2 特别动词

Test Paper

各位同学，请先做听写练习。做完之后核对答案，并填写feedback表格。

Feedback

本次测试题目个数：109

		漏听	生词	对发音不熟悉	连读	拼写错误	大小写错误	单复数错误
第一循环	横向测试							
	纵向测试							
第二循环	横向测试							
	纵向测试							
第三循环	横向测试							
	纵向测试							

语料测试表			
abbreviate [ə'briːvɪeɪt] 缩写	abuse [ə'bjuːs] 虐待	administrate [əd'mɪnɪstreɪt] 管理，支配	adopt [ə'dɒpt] 收养
advertise ['ædvətaɪz] 做广告	affect [ə'fekt] 影响	attempt [ə'tempt] 努力	ban [bæn] 禁止
beat [biːt] 跳动	book [bʊk] 预订	break [breɪk] 休息；破，碎	breed [briːd] 喂养
cater ['keɪtə(r)] 迎合	cheers [tʃɪəz] 干杯	cite [saɪt] 引证；表扬	complete [kəm'pliːt] 完成
conquer ['kɒŋkə(r)] 征服	construct [kən'strʌkt] 建筑	contain [kən'teɪn] 包含	contaminate [kən'tæmɪneɪt] 污染
convince [kən'vɪns] 说服	cook [kʊk] 做饭	counsel ['kaʊnsl] 商议	cover ['kʌvə(r)] 包括
decide [dɪ'saɪd] 决定	dedicate ['dedɪkeɪt] 奉献	deliver [dɪ'lɪvə(r)] 送货	depend [dɪ'pend] 依靠
deteriorate [dɪ'tɪərɪəreɪt] 恶化	dial ['daɪəl] 拨号	dictate [dɪk'teɪt] 听写	discuss [dɪ'skʌs] 讨论
donate [dəʊ'neɪt] 捐赠	doze [dəʊz] 小睡，打盹儿	employ [ɪm'plɔɪ] 雇佣	enhance [ɪn'hɑːns] 提高

exaggerate [ɪg'zædʒəreɪt] 夸张	exercise ['eksəsaɪz] 练习	exist [ɪg'zɪst] 存在	expand [ɪk'spænd] 扩充
experience [ɪk'spɪərɪəns] 经验；体验	export [ɪk'spɔːt] 出口	filter ['fɪltə(r)] 过滤	fire ['faɪə(r)] 解雇
focus ['fəʊkəs] 集中，聚焦	foster ['fɒstə(r)] 培养	ignore [ɪg'nɔː(r)] 忽视	import [ɪm'pɔːt] 进口
improve [ɪm'pruːv] 提高	instruct [ɪn'strʌkt] 提示	interview ['ɪntəvjuː] 采访	invest [ɪn'vest] 投资
irrigate ['ɪrɪgeɪt] 灌溉	lack [læk] 缺乏	leak [liːk] 泄露	lend [lend] 借出某物
lessen ['lesn] 减轻	maintain [meɪn'teɪn] 维修	meet [miːt] 见面；遇到	memorise ['meməraɪz] 记住
mill [mɪl] 碾磨，磨细	monitor ['mɒnɪtə(r)] 监视	narrate [nə'reɪt] 讲述，描写	observe [əb'zɜːv] 观察
offer ['ɒfə(r)] 提供	overcome [ˌəʊvə'kʌm] 克服	overstate [ˌəʊvə'steɪt] 夸大	park [pɑːk] 停车
pay [peɪ] 付款	plant [plɑːnt] 种植	polish ['pɒlɪʃ] 抛光，擦亮	prepare [prɪ'peə(r)] 准备
prescribe [prɪ'skraɪb] 开药方	recall [rɪ'kɔːl] 回忆	refund [rɪ'fʌnd] 退还，退款	register ['redʒɪstə(r)] 注册

reinvest [ˌriːɪn'vest] 重新投资	relax [rɪ'læks] 放松	relieve [rɪ'liːv] 减轻	repair [rɪ'peə(r)] 修理
repeat [rɪ'piːt] 重复	reserve [rɪ'zɜːv] 预定	resit [ˌriː'sɪt] 重考	revise [rɪ'vaɪz] 修改
roll [rəʊl] 使滚动，滚动	rush [rʌʃ] 赶快	season ['siːzn] 风干	shear [ʃɪə(r)] 剪（羊毛）
shift [ʃɪft] 倒班	smoke [sməʊk] 吸烟	solve [sɒlv] 解决，解答	stare [steə(r)] 盯视
steal [stiːl] 偷，窃取	study ['stʌdɪ] 学习	summarize ['sʌməraɪz] 总结	supervise ['suːpəvaɪz] 监督
supply [sə'plaɪ] 提供	support [sə'pɔːt] 支持	test [test] 测试	touch [tʌtʃ] 触摸
train [treɪn] 培训	transfer [træns'fɜː(r)] 转换，转移	transport ['trænspɔːt] 运送	treat [triːt] 治疗
understand [ˌʌndə'stænd] 理解	unite [jʊ'naɪt] 联合	update [ˌʌp'deɪt] 更新	vary ['veərɪ] 变化
wear [weə(r)] 穿着			

Chapter 10

雅思听力
流动性
语料库

IELTS

下述语料只需要能听懂，不需要拼写。这些语料往往具有提示效果。

actually 实际上；确实	after that 然后
also 也	although 尽管；但是
and then 于是，然后	as a result 结果，因此
at the moment 此刻，现在，目前	basically 基本上
besides 而且	but 但是
certainly 无疑地，确定地	compared with 与……作比较
despite 尽管	details 详细资料
especially 尤其是	even 甚至
eventually 终于，最后	first of all 首先
for example 例如	for instance 例如
however 然而	I'd like to 我想……
in a word 总而言之	in addition 另外
in general 一般而言	in other words 换句话说